Lemon Recipe Book

レモンのお菓子

マイナビ

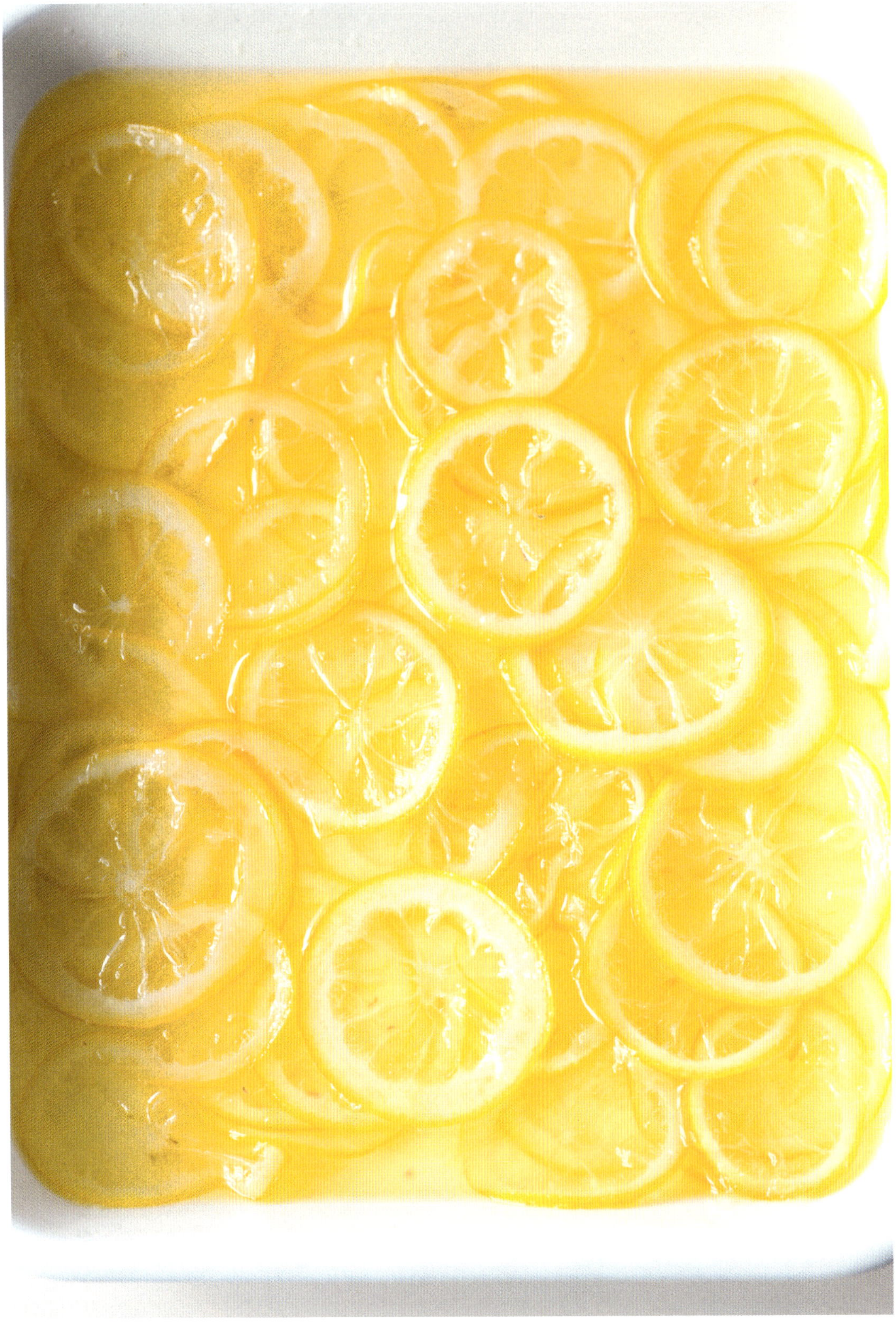

はじめに

「若山さんのレモン使いが好きだから、まとめたものを見たいな」
ある時、知人にふといわれたのが、この本のきっかけ。

それまで気にしていなかったけれど、そういえばレモンが好き。
とりわけお菓子に使うことが多いです。

お菓子はどうしたって甘いものだけれど、
レモンは食後感を軽やかにしてくれる。
すっきりとした酸味、爽やかな香りとほろりと心地よい苦み。
もうひとつ食べようかな、と思わせる魅力を作ってくれる気がします。

そして、子供の頃から知っている味だからか、あるいは、
その形からなのか、どこか懐かしい感じがするのも好きなところ。

果汁と果肉はもちろん、忘れてはならないのが皮。
丸ごと一個を余すことなく使えるのもレモンの魅力です。

南仏に住んでいた頃から大きなレモンの木は私の憧れ。
いつかレモンの木のある家に住み、
その下でお昼寝したいという夢があります。

でも、今のところは果実でお菓子を。

手に取ったときからその香りで清々しい気持ちになる…。
レモンの香りに包まれるお菓子作りは、
私にとってしあわせな時間なのです。

Contents

02　はじめに
06　レモンを知ろう！
08　まずは基本の 3 種から作ってみましょう
　　レモンカード
10　レモンマーマレード　スイート／ビター
12　レモンアイシング
14　材料について
　　あると便利なレモンの道具

1章　レモンのかんたんお菓子

16　レモンマフィン
　　レモンとラズベリーとホワイトチョコレートマフィン
18　レモンとチョコレートのスコーン
20　レモンケーキ
22　レモンのベニエ
24　レモンのクレープ
25　レモンの蒸しパン
26　レモンのクッキーサンド
28　レモンのポルボローネ
30　レモンのミルクフランス
　　レモンのサンドウィッチ
32　はちみつレモンマドレーヌ

2章　レモンを味わういろいろお菓子

34　フレッシュレモンのパウンドケーキ
36　レモンチーズケーキ
38　タルトシトロン
　　タルトシトロンショコラ

40 レモンスクエア
42 レモンのシフォンケーキ
44 レモンとサワークリームのウィークエンド
46 レモンメレンゲパイ
48 レモンとホワイトチョコレートクリームのロールケーキ
50 レモンのマカロン
52 レモンのボストンクリームパイ
54 レモンとズッキーニと生ハムのケークサレ
　　レモンとサーモンのマフィン
56 レモンピール

3章　レモンの冷たいお菓子

58 レモンソースプディング
60 レモンのレアチーズケーキ
62 レモンミルクのババロア
64 レモンのトライフル
66 レモンの紅茶ティラミス
68 レモンのブリュレ
69 レモンとあんずの寒天
70 レモンのムース
71 レモンのソルベ
72 レモンのアイスクリーム
　　レモンミルクアイス
74 レモネード
　　レモンスカッシュ
76 レモンとフルーツのデザートスープ
77 リモンチェッロ

78 ふろく：ラッピングペーパー

[この本のルール]

- レモンは国産のものを使っています。
- レモン1個の重さは100g、とれる果汁は40ccが目安です。
- 砂糖はグラニュー糖または粉砂糖、バターは無塩バターを使っています。
- 小さじ1は5cc、大さじ1は15ccです。
- オーブンの加熱温度、加熱時間は機種によって異なります。表記の時間を目安にして、様子を見ながら焼いてください。
- 卵はMサイズを使用しています。
- 電子レンジの加熱時間は600Wのものを基準にしています。

About Lemon
レモンを知ろう！

小さい頃から身近にあったレモン。でも、どんなフルーツなのかご存知ですか？
最近は国産レモンも出回るようになり、もっと活用したいと思っている人も多いかもしれません。
選び方や旬など、レモンをもっと楽しめる豆知識をお教えします。

レモンのこと

この本では国産のレモンを使用しています。以前は手に入りにくい国産レモンでしたが、近頃は家庭でも気軽に手に入るようになりました。レモンの香りは表皮に含まれ、その「皮」を使ってお菓子を作れるようになったのも、防かび剤不使用、ノーワックス、無農薬・低農薬の国産のものが普及したつい最近のこと。また、安全性だけでなく、みずみずしくて果汁が多く、香りの良いのも国産レモンの特徴です。新鮮なものが手に入るのもうれしいところ。

レモンの選び方

せっかく買うなら、おいしいものを選びたいですよね。
良いレモンと悪いレモンのかんたんな見分け方をご紹介します。

Good! 良いレモン
・色鮮やかなもの
・握ったときに弾力がある
・持つと重みを感じる

Bad 悪いレモン
・黒い斑点がある
・へたが黒ずんでいる（新鮮なものは緑）
・皮にしわがある

※無農薬栽培の場合は、新鮮でもこのような特性が多少出ることがあります。

国産レモンの旬

12月～4月頃が最もレモンが出回る時期。栽培方法によって出荷時期が異なり、最近では通年で手に入るようになりました。

month	1	2	3	4	5	6	7	8	9	10	11	12
露地栽培	●	●	●	●						●	●	●
ハウス栽培							●	●	●			
貯蔵レモン						●	●	●				

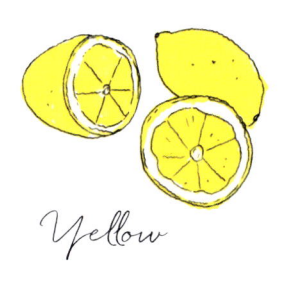

黄色いレモン
Yellow

多く出回っているのは「リスボン」「ビアフランカ」で、リスボンは果汁が多く、酸味がしっかり。ビアフランカは育てやすいのが特徴です。酸味のまろやかなオレンジとの交配種「マイヤーレモン」もお菓子作りには向いています。

緑のレモン
Green

品種ではなく、黄色のレモンが完熟する前の段階で収穫したものです。黄色よりは果汁は少なめですが、香りはより爽やかではっきりしています。用途によって選んでくださいね。

長持ちさせる

まるごと
レモンは冷凍保存できます。特に皮のすりおろしを作るなら、冷凍のほうがかたくてすりおろしやすいかもしれません。丸ごとでも、一部を使った残りでも、保存袋で密閉して冷凍庫へ入れましょう。

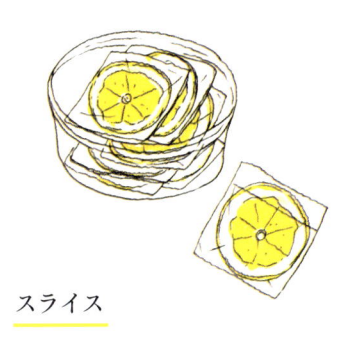

スライス
用途によってはスライスを1枚ずつラップして凍らせます。お菓子のトッピングや、紅茶に入れてもいいですね。お菓子に使うならスライスはシロップ煮（P.35）にして冷蔵庫で保存することもできます。

果汁
皮だけ使った場合などは、果汁をしぼって製氷皿で凍らせておきます。製氷皿によって容量は違いますが、「大さじ1」など目安になる量で凍らせると使うときに便利ですね。小さめの密閉袋でもOK。

まずは基本の
3種から
作ってみましょう

レモンと家にある材料で手軽に作れる、毎日食べたい3つのレシピを紹介します。レモンカードとマーマレードは、トーストやヨーグルトと一緒に毎朝の朝食に。サクッとした食感と酸味が魅力のアイシングは、いろいろなお菓子のおともにどうぞ。

Lemon Curd
レモンカード

レモンカードはイギリスの伝統的なスプレッド。「カード」は凝固という意味です。レモンクリームよりも卵にゆっくり火を通しているので保存もききます。バターは多いとミルキーに、少ないと卵の味が強くなります。

材料（作りやすい分量、180ccの瓶1個分）
卵 ... 1個
グラニュー糖 ... 50g
レモン果汁 ... 50cc（レモン約1½個分）
レモンの皮のすりおろし ... 1個分
バター（湯煎で溶かす）... 40g

- これに合わせるとおいしい
・ガレット
・トースト
・アイスクリーム

- このお菓子に使っています
・レモンのサンドウィッチ（P.30）
・レモンチーズケーキ（P.36）
・レモンとホワイトチョコレートクリームの
　ロールケーキ（P.48）
・レモンのボストンクリームパイ（P.52）

［保存期間］
煮沸消毒した密閉容器に入れ、
冷蔵庫で3週間ほど。
開封してからは冷蔵庫で1週間ほど。

1 ボウルに卵を割り入れてよくほぐし、グラニュー糖を一気に加え、泡立て器で粒がなくなるまでよく混ぜる。

2 レモンの果汁を加えて混ぜ、レモンの皮のすりおろしも加える。ボウルの上ですりおろせばかんたん！

3 湯煎で溶かしたバターを加える。1の前に湯煎にかけておくとよい。あたたかいものを入れてOK。

4 ボウルを湯煎にかけ、混ぜながら弱火で5分以上煮る。もったりとすれば完成。一度こすとよい。

5 できあがりは150g前後。すぐ食べないなら煮沸消毒した瓶に入れて冷蔵庫へ。1週間はおいしく食べられる。

Lemon Marmalade
レモンマーマレード
スイート（上）／ビター（下）

材料はレモンと砂糖だけ。レモンがたくさん手に入ったらマーマレードにして保存しましょう。パンに塗るだけではなく、お菓子作りの材料に。スイートはとろりとして甘酸っぱく、はちみつのよう。ビターはほろ苦さを楽しめ、食感もしっかりしているのが特徴です。

材料（作りやすい分量、共通）
レモン ... 2個
※白いワタが多いようならば取り除く。
グラニュー糖 ... 200g（レモンと同量）

● これに合わせるとおいしい
スイート→ドリンクやヨーグルト
ビター　→焼き菓子に加えて

● このお菓子に使っています
スイート
・レモンの蒸しパン（P.25）
・タルトシトロンショコラ（P.38）
・レモンのトライフル（P.64）
ビター
・レモンとチョコレートのスコーン（P.18）
・レモンとサワークリームのウィークエンド（P.44）
どちらでも
・レモンのクッキーサンド（P.26）

［保存期間］
煮沸消毒した密閉容器に入れれば
室温で半年ほど。
開封してからは冷蔵庫で1カ月ほど。

［スイート］

1 レモンは表皮を薄くむきせん切りに、実は種を除いてざく切りにする。果汁もとっておく。皮はたっぷりの水にさっとさらす。

2 鍋にたっぷりの湯を沸かし、皮を入れて1分ほど煮てざるに上げ、ゆでこぼす。

3 2、1の実、果汁、グラニュー糖を鍋に入れて、弱火にかける。皮に透明感が出て、とろりとしたらできあがり。煮沸消毒した瓶に入れて保存する。

［ビター］

1 レモンは表皮を薄くむきみじん切りにし、実は種を除いてざく切りにする。果汁もとっておく。鍋にこれらとグラニュー糖を入れ、弱火にかける。

2 ブクブクとしてきたらそのまま弱火で、ゴムべらで混ぜながら15分煮る。

3 スイートと同様に煮る。冷えるとかたまるのでややゆるい状態でOK。煮沸消毒した瓶に入れて保存。

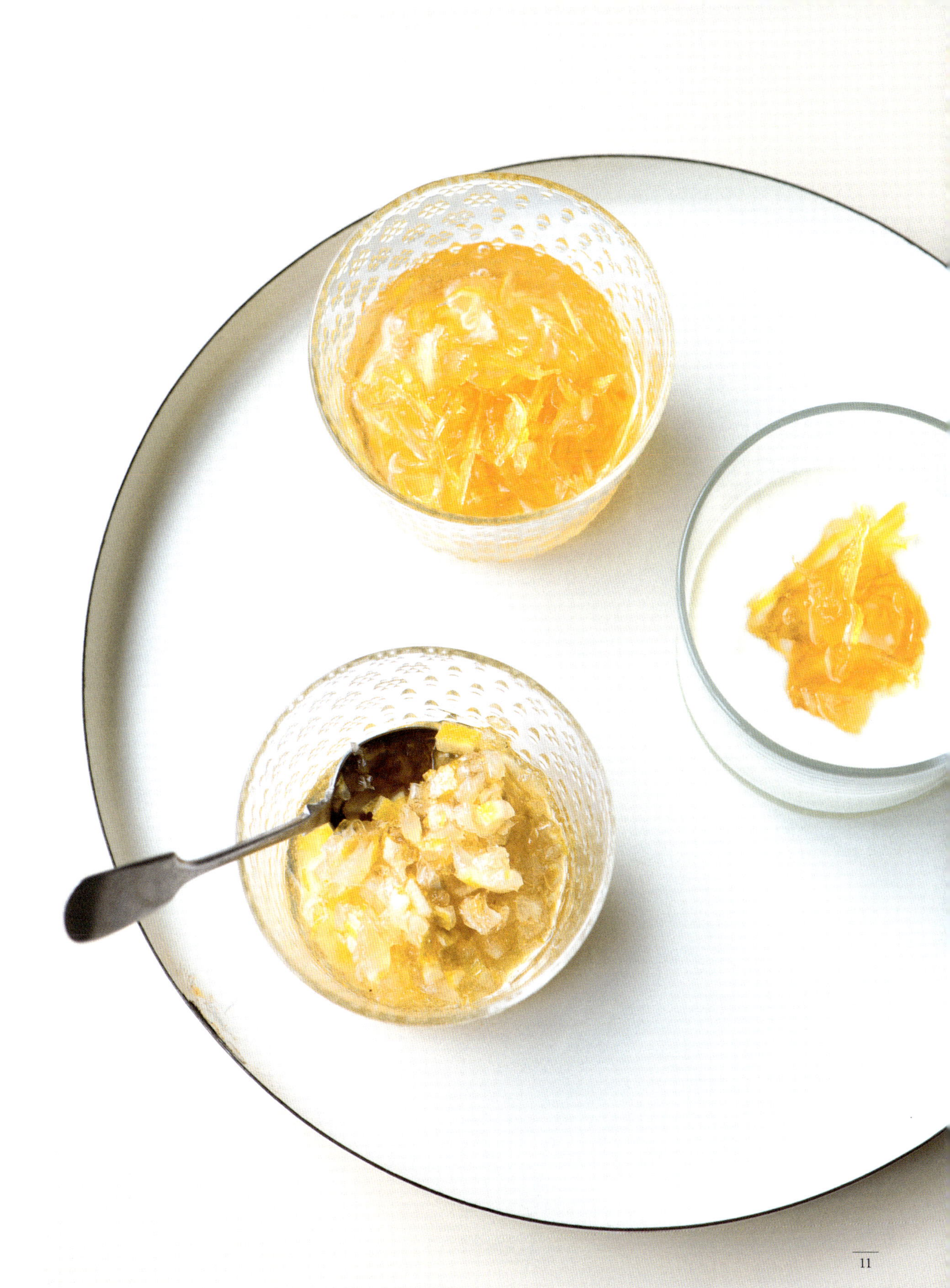

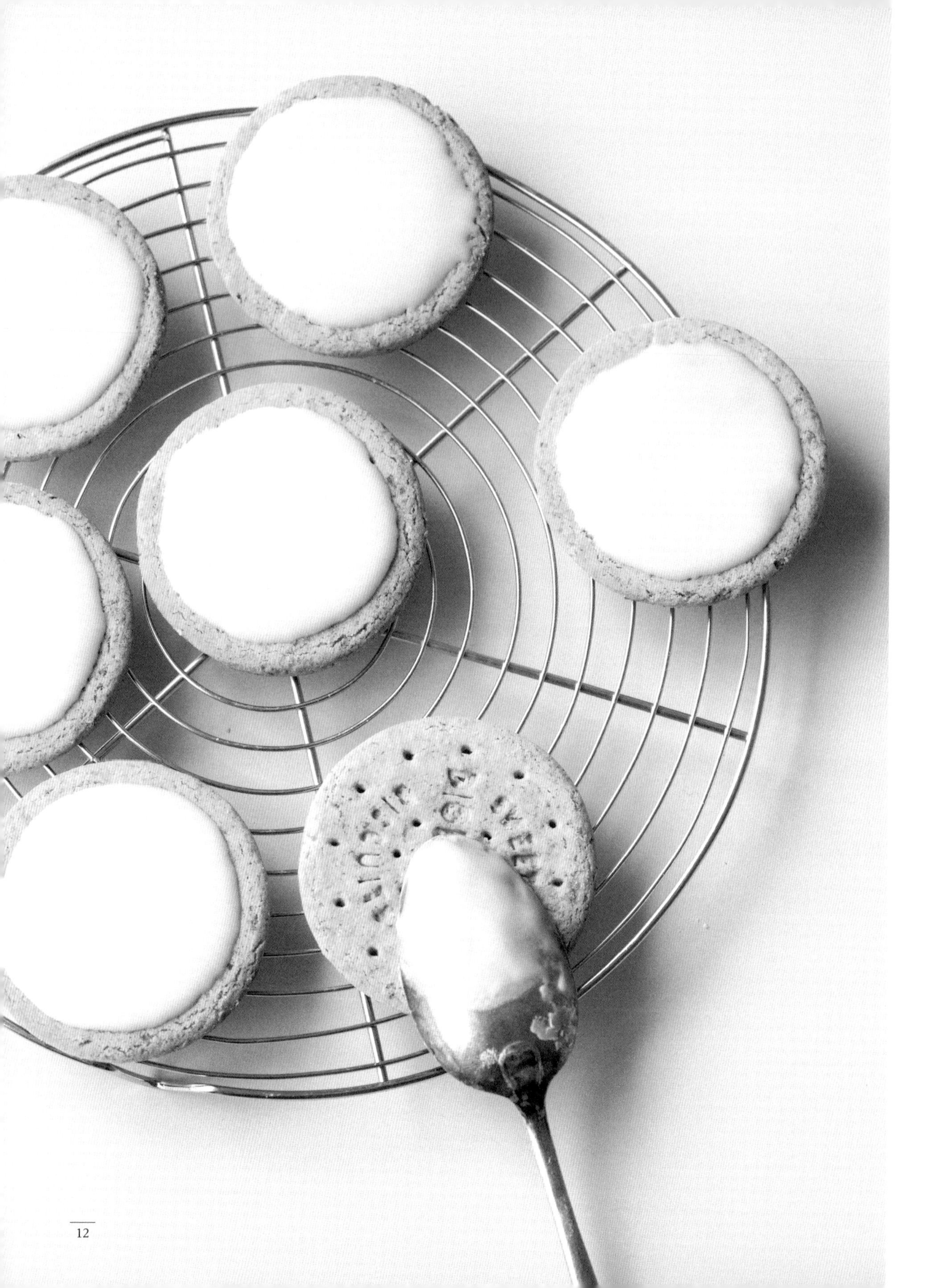

Lemon Icing
レモンアイシング

どんなお菓子もかわいく飾ってくれるのがアイシング。アイシングを作るにはレモンが欠かせません。最初に舌に触れる部分なので、レモンの味が鮮やかに感じられます。実はアイシングがお菓子の"レモン度"アップの要なのです。

材料（作りやすい分量）
粉砂糖 ... 50g
レモン果汁 ... 小さじ2
レモンの皮のすりおろし ... 適宜

● これに合わせるとおいしい
・クッキー
・スコーン
・マフィン
・マドレーヌ

● このお菓子に使っています
・レモンケーキ（P.20）
・レモンのシフォンケーキ（P.42）
・レモンとサワークリームのウィークエンド（P.44）

［保存期間］
アイシングは保存に向きません。
作ったらそのときに使いきるようにしましょう。

1 小さい容器に粉砂糖を入れ、中央にレモン果汁の半量を入れる。

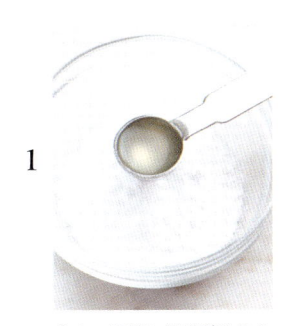

2 果汁の部分を中心に、スプーンで少しずつ混ぜる。入った分の果汁で粉砂糖を溶くイメージ。

3 混ぜた部分がかたくなってきたら残りの果汁を入れ、同じように粉砂糖を溶かしていく。

4 全部混ざり、上からたらしてぽとりと落ちるくらいになったらOK。やわらかすぎるときは粉砂糖を足し、かたすぎるならレモン果汁を足して調整する。好みでレモンの皮のすりおろしを加える。

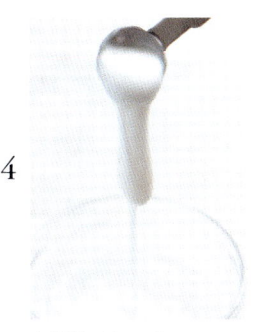

材料について

レモンのお菓子作りに必要な材料たち。
手に入りやすく、使いやすいオーソドックスな材料ばかりです。

1. レモン
本書の主役！ この本では国産レモンを使用しています。
実と皮の間にある白いワタは苦みの原因になるので、
すりおろすときは入れすぎないよう注意。

2. 薄力粉
お菓子には欠かせない小麦粉です。
本書では「ドルチェ」を使用していますが、ほかでも大丈夫です。

3. 牛乳
普通の牛乳でかまいません。特記がなければ、
室温に戻してから使ったほうがダマなどができません。

4. 生クリーム
乳脂肪分35%のものを使っています。軽くて扱いやすく、
分離しにくいのが特徴。ここでは乳脂肪分は高くなくてOK。

5. グラニュー糖
本書で使う砂糖のメインはグラニュー糖。
さらさらしていて液体に溶けやすく、よく混ざるのが特徴です。

6. 卵
卵黄はコクを持たせ、卵白はメレンゲに、と大活躍。
基本的にMサイズ（約50〜55g）を使っています。

7. バター
この本では基本的に無塩バターを使います。
溶かすもの以外は室温に戻したほうが扱いやすいです。

8. 粉砂糖
グラニュー糖の結晶をすりつぶしたきめの細かい砂糖です。
とても溶けやすいのでアイシングなど使います。

9. はちみつ
レモンとの相性がいいのでこの本にはたくさん登場。
クセのない花の蜜や柑橘系のものが合います。

あると便利なレモンの道具

スクイーザー
レモンサイズのしぼり器。果肉を当てる部分の下に突起があり、種が果汁と一緒に落ちないようになっているものがおすすめです。

グラインダー
おろし金でもいいですが、レモンを軽くこすればいいので便利。きめ細かくすりおろせ、突起に皮がくっつかず、下に落ちます。

ゼスター
穴のあいた先端で皮をこすると皮を細かく削り出すことができます。色のある表皮だけを薄く削ぎ、せん切りより繊細な口当たりに。

1章
レモンの
かんたんお菓子

　レモンの風味は、世界共通でノスタルジックな気持ちになる味のようです。特に、レモンの形をした「レモンケーキ」は日本生まれのシンプルなケーキで、昔懐かしい雰囲気があります。また、アメリカのマフィンやスコーン、フランスのマドレーヌ……。どれも家庭でお母さんが作ってくれるような素朴なお菓子ばかりです。まず作ってみたい、かんたんで、お茶の時間に気軽に楽しめるレモンのお菓子たちをご紹介します。

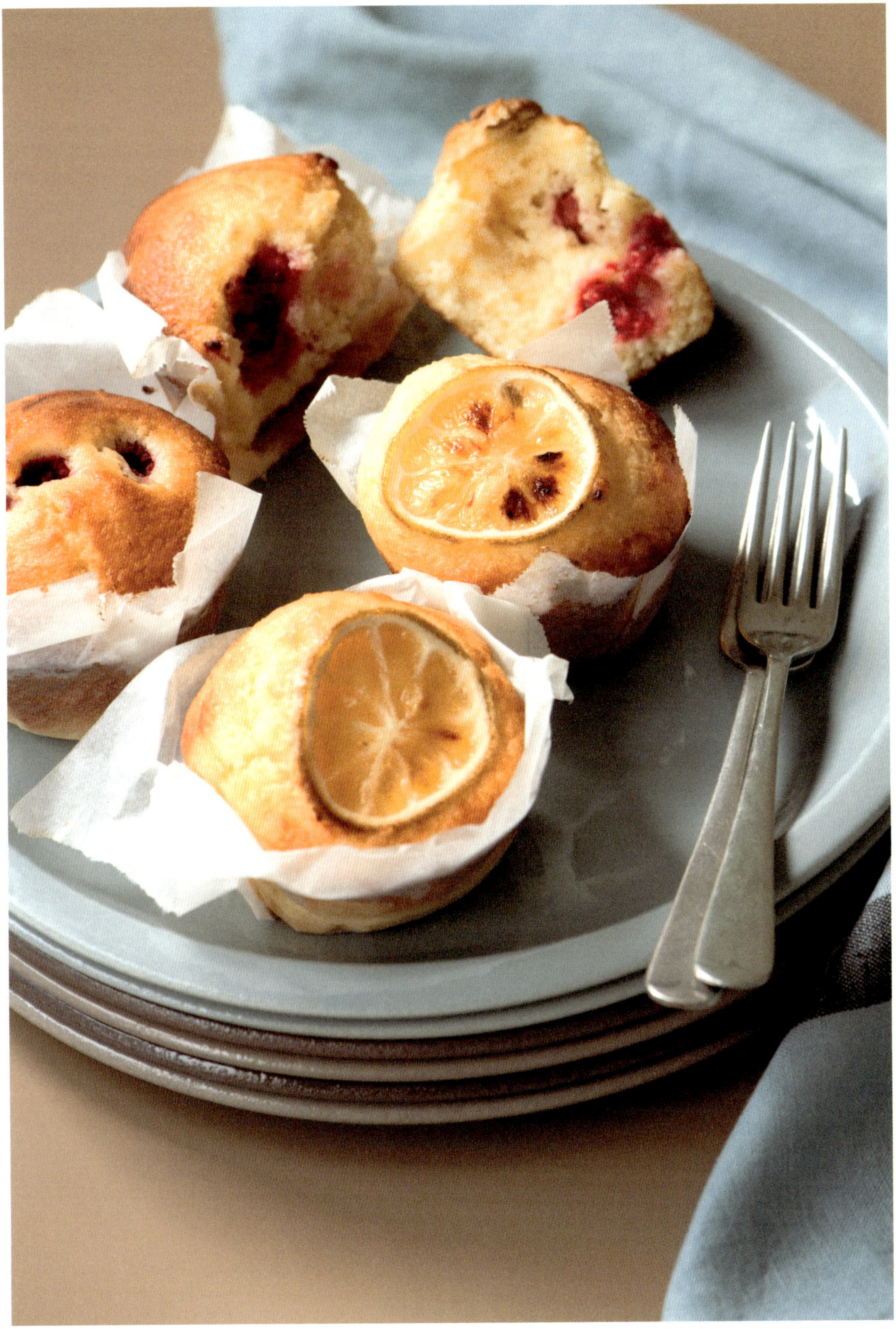

Lemon Muffins,
Raspberry & White Chocolate

レモンマフィン、
レモンとラズベリーとホワイトチョコレートマフィン

ふんわりしたマフィンを作るときによく使われるバターミルク。なかなか手に入らないので、牛乳にレモン果汁を加えてとろっとさせたものを入れると同じような仕上がりになります。具材は混ぜずにトッピングして焼き上げましょう。

下準備（共通）
- マフィン型にグラシン紙を敷き込む。
- 薄力粉とベーキングパウダーは合わせてふるう。
- バターを室温に戻す。
- 牛乳にレモン汁を加えて混ぜ合わせる。
- オーブンを190℃まで予熱する。

［レモンマフィン］
材料（直径5.5×高さ3.5cmのマフィン型 3〜4個分）
バター ... 50g
グラニュー糖 ... 70g
レモンの皮のすりおろし ... 少々
卵 ... 1個
生クリーム ... 大さじ2
薄力粉 ... 110g
ベーキングパウダー ... 小さじ2/3
牛乳 ... 大さじ2
レモン果汁 ... 大さじ1/2
レモンのスライス ... 3〜4枚

［レモンとラズベリーと
ホワイトチョコレートマフィン］
材料（直径5.5×高さ3.5cmのマフィン型 3〜4個分）
「レモンマフィン」の材料、レモンのスライス以外全て同様
ラズベリー ... 30g
ホワイトチョコレート ... 30g

1 ボウルにバター、グラニュー糖、レモンの皮のすりおろしを入れ、泡立て器でしっかりすり混ぜる。
2 ときほぐした卵を少しずつ加えてその都度混ぜ、乳化させる。
3 生クリームを加え、さらに混ぜる。
4 粉類の半量を加え、ゴムべらでさっくり混ぜる。
5 牛乳にレモン汁を合わせたものを加えて混ぜ、残りの粉類をふるい入れ、さっと混ぜ合わせる。

6 ［レモンマフィン］
5を型に流し入れてレモンスライスをのせ、180℃に設定し直したオーブンで20分程度焼く。

［レモンとラズベリーとホワイトチョコレートマフィン］
5を型に流し入れてラズベリーと刻んだホワイトチョコレートを少し押し込むようにのせ、180℃に設定し直したオーブンで20分程度焼く。

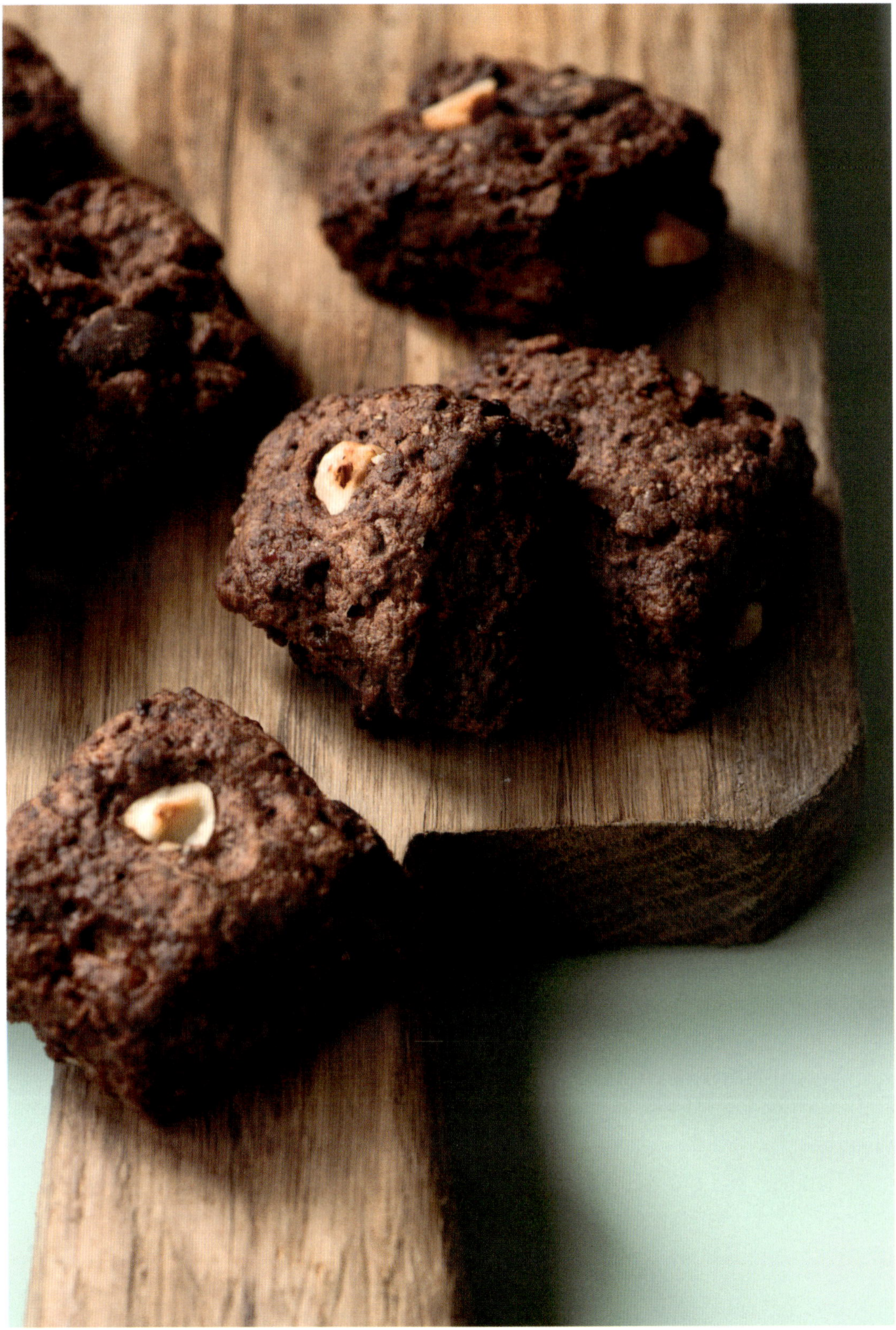

Lemon & Chocolate Scone
レモンとチョコレートのスコーン

レモンとヘーゼルナッツ、チョコレートの組み合わせは、フランスでポピュラー。生地はビターなので、粗めに刻んで入れるミルクチョコレートの甘みがポイントになります。レモンの酸味をもっと強くしたいときはアイシングをかけても。

材料（6個分）
ヘーゼルナッツ … 20g
ミルクチョコレート … 50g
Ⓐ
　薄力粉 … 130g
　ココア … 15g
　ベーキングパウダー … 小さじ 1½
　グラニュー糖 … 大さじ 2
バター … 50g
牛乳 … 60cc
レモン果汁 … 大さじ 1
レモンの皮のすりおろし … ½ 個分
ビターレモンマーマレード（P.10）
　… 大さじ 2

下準備
・牛乳にレモン果汁を加えて混ぜ合わせる。
・バターは冷蔵庫で冷やす。
・オーブンを 190℃まで予熱する。
・ヘーゼルナッツは乾煎りする。

1　ヘーゼルナッツは半分に、チョコレートは 1 かけくらいに割る。
2　Ⓐを合わせてボウルにふるい入れる。
3　バターを 2 の中で 1cm 角くらいのサイコロ状に切る。
4　牛乳にレモン果汁を合わせたものを加えて混ぜる。1 とレモンの皮のすりおろしを加えて混ぜ、ひとまとめにする。生地の中にバターが白く見えるくらい残っていて大丈夫。
5　打ち粉（薄力粉、分量外）をふった台に 4 をのせ、軽くのばし、マーマレードの半量をのせて折る。もう一度同様にのばし、マーマレードの残りをのせて折る。2cm の厚さで 10 × 15cm にのばし、5cm 角に切る（a）。
6　天板に並べ、190℃のオーブンで 15 分焼く。

a

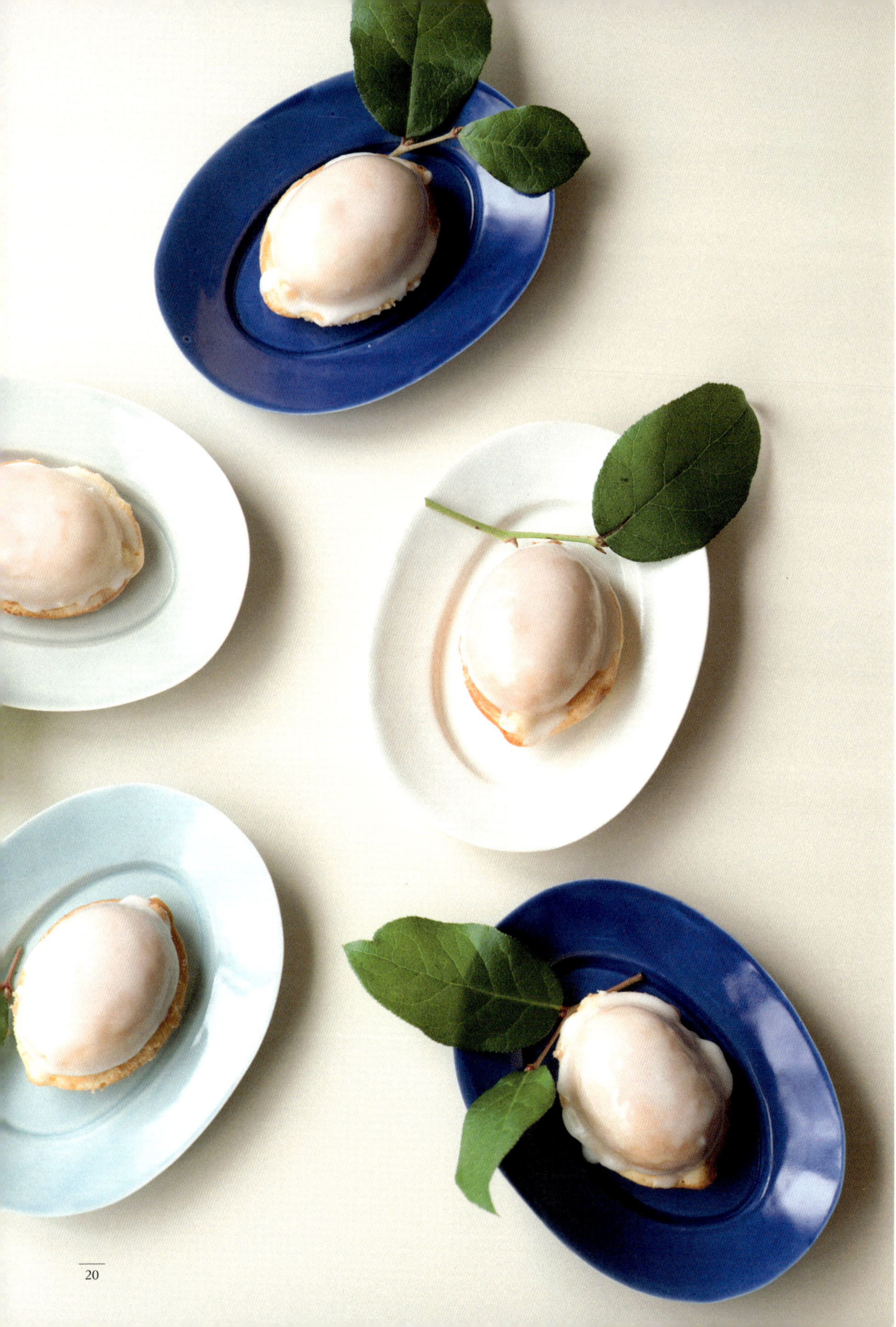

Lemon Cake
レモンケーキ

レモンの形をしたケーキは日本独特のもの。スポンジとパウンドの中間のような、ふわふわした食感のクラシックな味わいです。カップケーキ型でもできますが、やはりレモン型がうれしくなりますね。

材料（8 × 5.5cmのレモン型 8 〜 9個分）
◎レモンケーキ生地
卵 ... 2個
グラニュー糖 ... 80g
はちみつ ... 10g
薄力粉 ... 80g
コーンスターチ ... 20g
バター ... 60g
レモン果汁 ... 大さじ1
レモンの皮のすりおろし ... ½個分
◎レモンアイシング（P.12）
粉砂糖 ... 100g
レモン果汁 ... 小さじ4

下準備
・型にクリーム状にしたバターを薄く塗り、薄力粉を茶こしでふって余分な粉をはたく（ともに分量外）。
・バターを溶しあたたかい状態にする。
・オーブンを180℃まで予熱する。

Pick up!
● レモン型
インターネットや東京・浅草のかっぱ橋で購入可能。お手頃な値段なので見つけたらぜひ。

1　ボウルに卵、グラニュー糖、はちみつを入れて混ぜ、湯煎にかけてハンドミキサーの高速で泡立てる。あたたまってきたら湯煎をはずし、生地を持ち上げてぼたっとまとまって落ち生地の塊が3秒ほど残るくらいまで泡立てる（a）。
2　ハンドミキサーの低速で1分ほどきめを整える（b）。
3　薄力粉とコーンスターチを合わせて2にふるい入れ、ゴムべらでさっくりと混ぜる。
4　溶かしバター、レモン果汁、レモンの皮のすりおろしを加え、つやが出るまで切るように混ぜる（c）。
　　型に流し入れ（d）、180℃のオーブンで15分焼く。
5　竹串を刺して何もついてこなければ、型からはずして冷ます。
6　ボウルに粉砂糖を入れて中央にレモン果汁を入れて溶き混ぜ、アイシングを作る（P.12）。レモンケーキのふくらみのあるほうを上にし、中央にアイシングをのせ、スプーンで少しずつのばして覆い（e）、室温（夏場は冷蔵庫）でアイシングを乾かす。（または、市販のホワイトコーティングチョコをかけてもOK）。

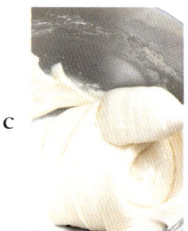

Lemon Beignets
レモンのベニエ

ヨーロッパでは 2 月のカーニバルに食べるお菓子です。生地に含まれる少しのバターが溶け出して層になり、サクサクとしたパイのような食感に。揚げていくうちに泡がたくさん出てくるので注意して。

材料（約 50 個分）
バター … 30g
グラニュー糖 … 15g
卵 … 1 個
薄力粉 … 150g
ベーキングパウダー … 小さじ 1 弱
粉砂糖 … 60g
レモンの皮のすりおろし … 1 個分
揚げ油 … 適量

下準備
・バターを室温に戻す。

1　ボウルにバターとグラニュー糖を入れ、泡立て器でよくすり混ぜる。
2　卵を溶きほぐし、1 に少しずつ加え、その都度よく混ぜる。
3　薄力粉とベーキングパウダーを合わせてふるい入れ、ゴムべらでさっくりと混ぜ合わせる。
4　ラップを大きく広げ、3 をのせてラップをかぶせる。めん棒で 20cm 角、5mm の厚さにのばす。そのまま冷蔵庫に入れ、30 分以上休ませる。
5　4 を 2cm 幅に切り、さらにひし形になるように斜めに切る（a）。途中生地がゆるんだら冷蔵庫で休ませる。
6　バットに粉砂糖とレモンの皮のすりおろしを合わせる。
7　深めのフライパンに 2cm ほど油を入れ、170℃に熱して、5 を入れる。薄く色づいてカラッとなるまで揚げる（b）。油をきってすぐに 6 に入れてまぶす（c）。

a　b　c

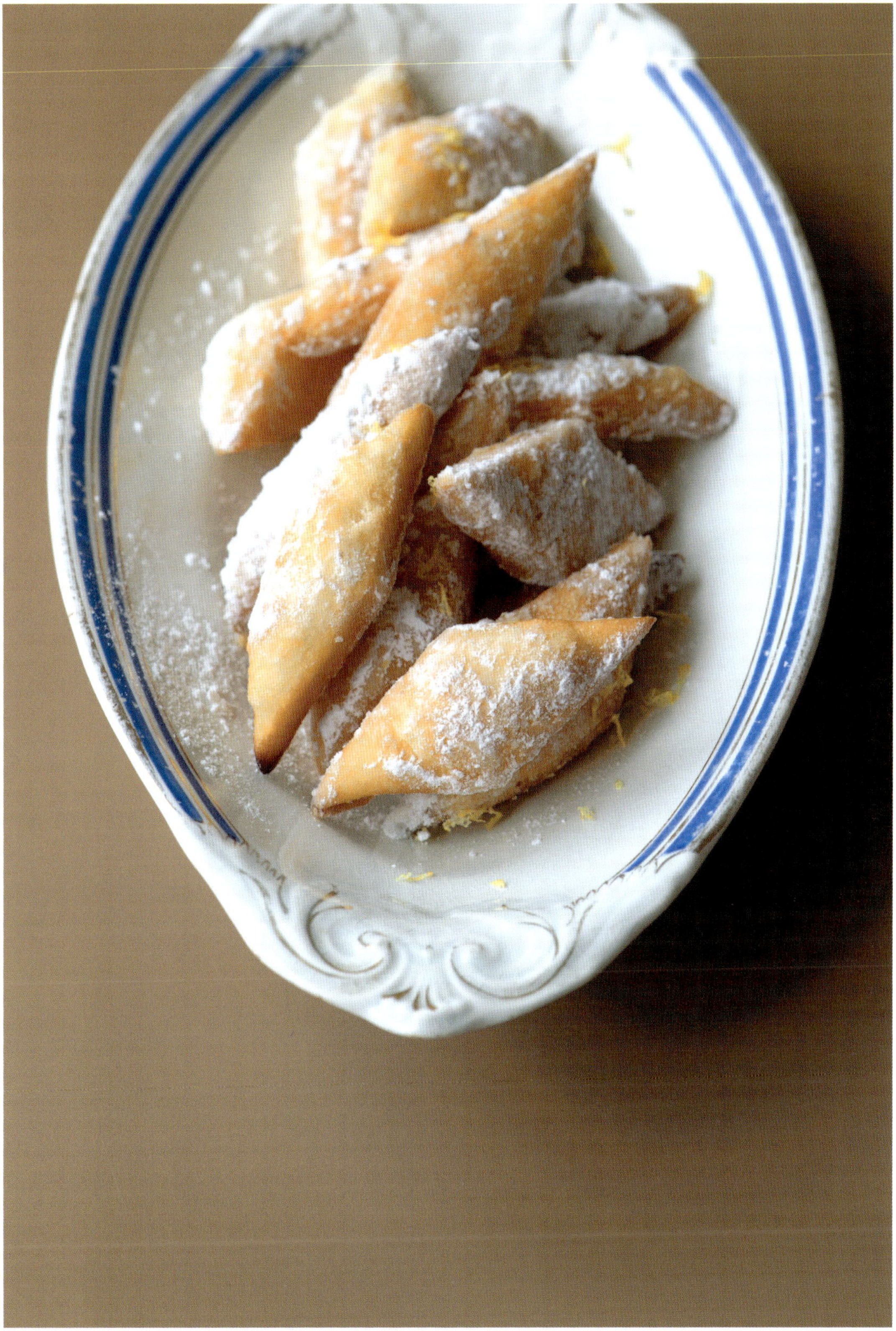

Crepe with Lemon
レモンのクレープ

バターとじゃりっとした砂糖で食べるクレープは、フランスでオーソドックスな食べ方。レモンが加わると洗練され、私も大好きな味の組み合わせになります。

材料（3〜4枚分）
◎クレープ生地
薄力粉 ... 40g
グラニュー糖 ... 大さじ½
卵 ... 1個
牛乳 ... 125cc
バター ... 大さじ½
◎仕上げ
グラニュー糖、バター、レモン
　... 各適宜

1　ボウルに薄力粉とグラニュー糖をふるい入れ、泡立て器でぐるぐる混ぜる。卵と牛乳をよく混ぜ、少しずつ加えてその都度混ぜる。
2　フライパンにバターを入れて弱火にかけて溶かし、1に加えて混ぜる。できれば冷蔵庫で30分以上休ませる（生地がのびやすく、破れにくくなる）。
3　2のフライパンをそのまま中火であたため、おたまで生地を流し入れる。ふちがちりちりしてきたら（a）返して10秒ほど焼く。同様に計3〜4枚焼く。
4　皿にのせて折り、グラニュー糖をふりバターをのせて、レモンをしぼりかける。

a

Steamed Lemon Bread
レモンの蒸しパン

ワンボウルでできるおやつ。マーマレードの果皮をトップにのせるとふっくら割れ、混ぜ込むとつるんとまん丸になって表情が変わります。お好きなスタイルで。

材料（直径4cmのカップケーキ型6個分）
薄力粉 ... 100g
ベーキングパウダー ... 小さじ1
グラニュー糖 ... 40g
卵 ... 1個
牛乳 ... 50cc
サラダ油 ... 大さじ2
スイートレモンマーマレード（P.10）
　... 大さじ2

1　ボウルに薄力粉、ベーキングパウダー、グラニュー糖を入れ、泡立て器でざっと混ぜる。
2　別のボウルに卵を割り入れてほぐし、牛乳とサラダ油を少しずつ加えて混ぜる。
3　1に2を少しずつ加え、なめらかになるまで泡立て器で混ぜ、マーマレードの半量を加えて軽く混ぜる。型に7分目まで流し入れ、残りのマーマレードをのせる。
4　蒸し器か、キッチンペーパーを敷いた鍋に深めの耐熱容器を入れ、湯を3cmほど張り、3を並べる。布巾で包んだふたをし、菜箸をかませるなどして水蒸気が逃げるようにする。
5　中火で10分蒸す。竹串をさして何もつかなければOK。

Lemon Cookie Sandwiches
レモンのクッキーサンド

別名、レーズンウィッチならぬ、「レモンウィッチ」。ほろ苦いマーマレードをアクセントにしたクッキーサンドはちょっと大人の味。サンドせずにクッキーにクリームをつけて食べるだけでもおいしいです。

材料（12個分）
◎クッキー生地
バター ... 60g
粉砂糖 ... 35g
卵黄 ... 1個分
Ⓐ
　アーモンドパウダー ... 20g
　薄力粉 ... 90g
　ベーキングパウダー ... 小さじ½
　塩 ... ひとつまみ
◎フィリング
ホワイトチョコレート ... 50g
バター ... 50g
レモンマーマレード（P.10、どちらでも）
　... 50g

下準備
・クッキー生地、フィリングともバターを室温に戻す。
・天板にクッキングシートを敷き込む。
・オーブンを180℃まで予熱する。

◎クッキー生地
1 ボウルにバターを入れてクリーム状になるまで練り、粉砂糖を加えて泡立て器でよく混ぜる。さらに、卵黄を加えてよく混ぜる。
2 Ⓐを合わせてふるい、1に加えてゴムべらでさっくりと混ぜ、ひとまとめにする。
3 長めに切った2枚のラップを、十字になるように重ねて広げる。2をのせ、18×24cmになるようにラップを折る。
4 ラップの上からめん棒を転がし、ラップの大きさに合わせて均一にのばす（a）。途中、もし生地がやわらかくなったら冷蔵庫で休ませる。
5 ラップをはずしてクッキングシートにのせ、冷凍庫で15分休ませる。
6 端を切りそろえ、横6×縦4等分にカットする（b）。シートごと天板にのせ、間隔を開け並べ直す。180℃のオーブンで12〜15分、きつね色になるまで焼く。

◎フィリング
7 ボウルに刻んだホワイトチョコレートを入れて湯煎にかける。溶けたら湯煎をはずし、バターを加えて混ぜる。ボウルの底に氷水を当て、泡立て器で混ぜながら冷やす。

8 クッキー生地が冷めたら焼き面を上にして2枚1組にし、フィリングとマーマレードをはさむ（c）。

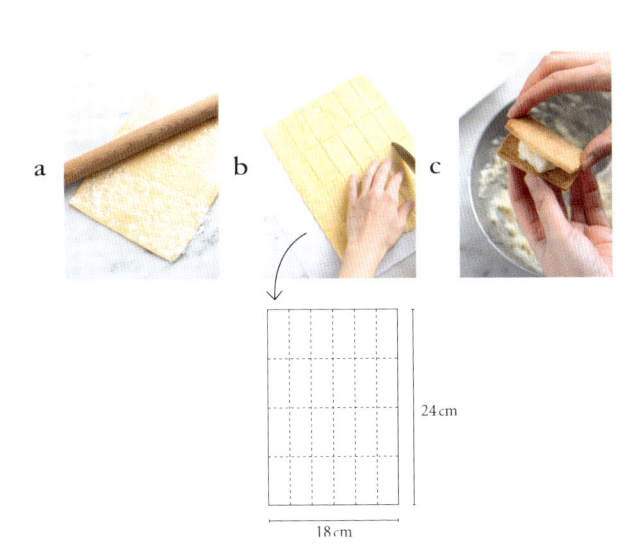

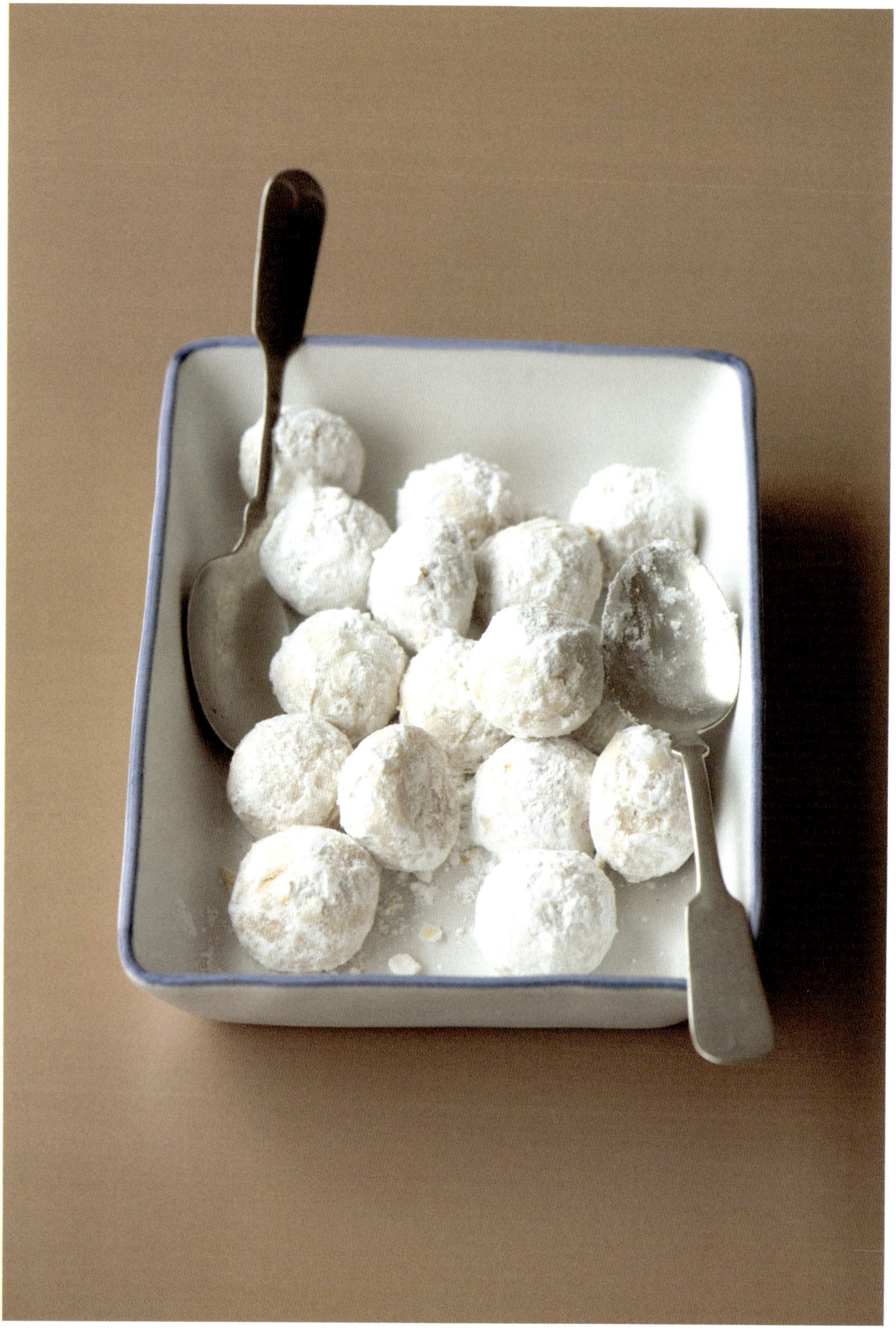

Lemon Polvoron
レモンのポルボローネ

「スノーボール」とも呼ばれる真っ白なお菓子。よく焼いて水分を飛ばした薄力粉を使うのと、少量でもショートニングを加えることでホロホロとした食感が生まれます。バターだけでもおいしく作れます。

材料（40〜45個分）
バター … 80g
ショートニング … 40g
　（またはバターだけで120g）
粉砂糖 … 50g
レモンの皮のすりおろし … 1個分
薄力粉 … 160g
アーモンドパウダー … 40g
粉砂糖（仕上げ用） … 100g

下準備
・バターとショートニングを室温に戻す。
・天板にクッキングシートを敷き、分量の薄力粉を広げ、130℃まで予熱したオーブンで1時間焼く。
・薄力粉を焼き終えたら、新しいクッキングシートを敷き込む。
・オーブンを160℃まで予熱する。

1　ボウルにバター、ショートニング、粉砂糖と、レモンの皮のすりおろしの1/2量を入れてすり混ぜる。
2　焼いた薄力粉とアーモンドパウダーを合わせてふるい入れ、粉けがなくなるまでゴムべらでさっくり混ぜる。
3　打ち粉（薄力粉、分量外）をしながら手で直径3cmのボール状に丸め（a）、天板に並べ160℃のオーブンで12〜15分焼く。
4　あたたかいうちに、残りのレモンの皮のすりおろしを合わせた粉砂糖をまぶす（b）。

Point
粉砂糖は熱いうちにまぶすとまんべんなくしっかりと付き、ほんのりあたたかいと薄づきになります。
冷めてしまうとつかないので気をつけましょう。

Lemon & Milk Cream Baguette
レモンのミルクフランス（上）

バゲットの塩味の中に、香りのいい練乳バターの味が広がり、甘じょっぱい魅力。ざっくりした食感の中からコクと爽やかさが弾けるようなおいしさなのです。

材料（2人分）
練乳 ... 40g　バター ... 30g
レモンの皮のすりおろし ... ½個分
レモン果汁 ... 小さじ2
バゲット ... ½本

下準備
・バターを室温に戻す。

1　練乳とバターをよく練り混ぜる。レモンの皮のすりおろしとレモン果汁を加え、さらに混ぜる。
2　バゲットに切り目を入れ、1を塗ってはさむ。

Lemon Sandwiches
レモンのサンドウィッチ（下）

おやつに食べたいサンドウィッチ。カードだけでは酸っぱいのでバナナでまろやかに。クリームチーズをホイップクリームに替えるとデザート感が増します。

材料（2人分）
食パン（サンドウィッチ用）... 4枚
レモンカード（P.08）... 大さじ4〜5
バナナ（小）... 2本
クリームチーズ ... 大さじ3
グラニュー糖 ... 小さじ1

1　食パン2枚にレモンカードを塗り、輪切りにしたバナナを並べる。
2　クリームチーズにグラニュー糖を混ぜ、残りのパンに塗る。
3　1と2を合わせて、耳を落とし、食べやすく切る。布巾などで包み、冷蔵庫で1時間ほど冷やすと切りやすい。

Point
クリームチーズの代わりに、ホイップクリーム100ccにグラニュー糖小さじ2を加えて泡だてものを使うとレモンカードが効いた甘いフルーツサンドになります。

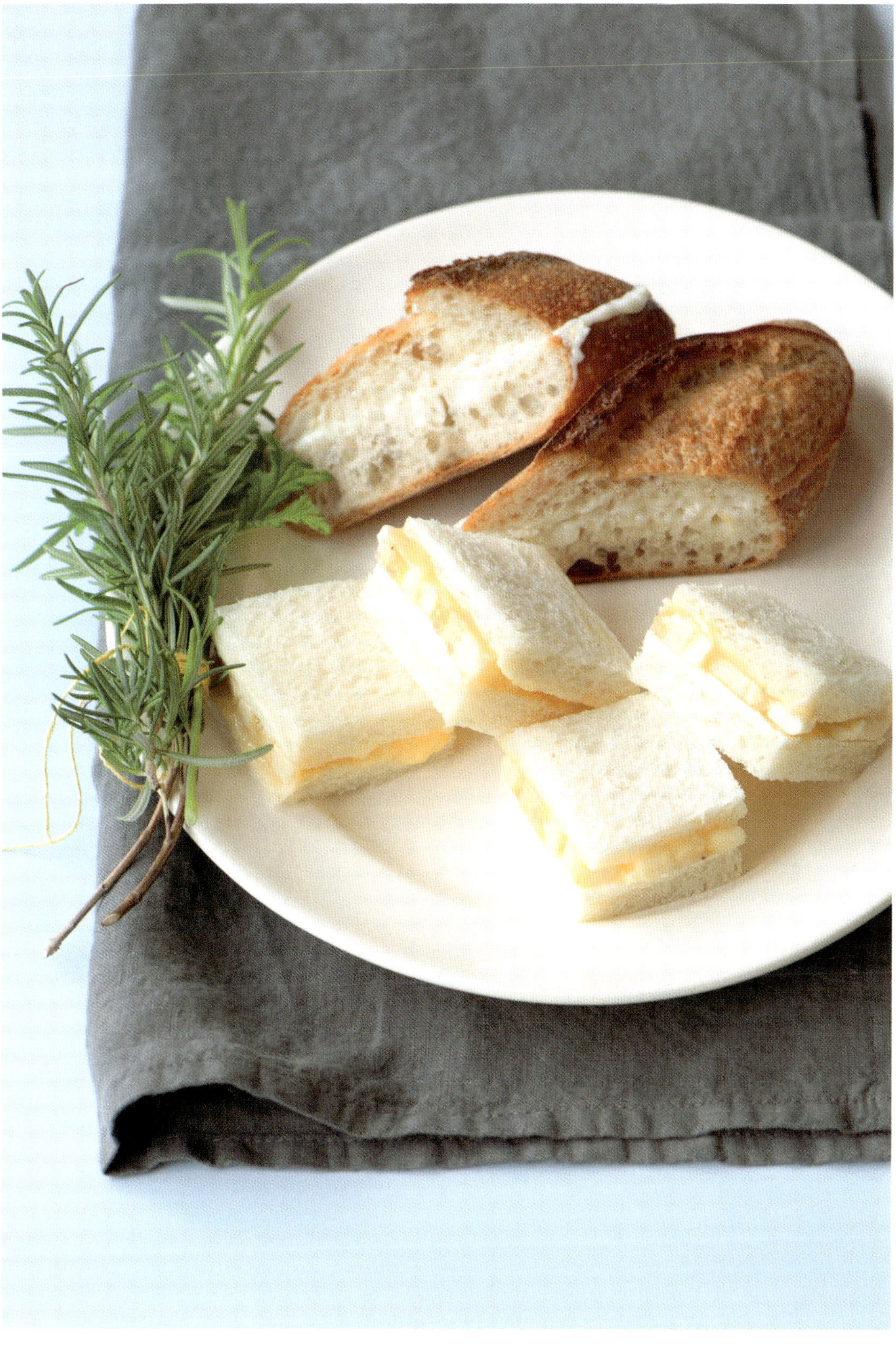

Madeleines
はちみつレモンマドレーヌ

焼きたてはカリッとして中はふんわり。少し時間を置くとはちみつとレモンがじゅわりと感じられます。グラニュー糖にレモンの香りを移すのがポイントです。

材料（マドレーヌ型8個分）
グラニュー糖 ... 60g
レモンの皮のすりおろし ... ½個分
卵 ... 1個
牛乳、はちみつ ... 各大さじ1
薄力粉 ... 70g
ベーキングパウダー ... 小さじ⅓
バター ... 70g

下準備
- グラニュー糖とレモンの皮のすりおろしを混ぜておく。
- 型にクリーム状にしたバターを薄く塗り、薄力粉を茶こしでふって余分な粉をはたく（ともに分量外）。
- バターを湯煎で溶かす。
- オーブンを190℃まで予熱する。

1. 混ぜておいたグラニュー糖とレモンの皮のすりおろしをボウルに入れ、卵を割り入れてよく混ぜる。
2. 牛乳とはちみつを加えてさらに混ぜる。
3. 薄力粉とベーキングパウダーを合わせてふるい入れ、泡立て器でさっくりと混ぜる。
4. 余熱のとれた溶かしバターを加えて混ぜる。ボウルにラップをかけ、冷蔵庫で1時間以上休ませる。
5. 絞り袋かスプーンで型に生地を入れ、190℃のオーブンで12分ほど焼く。

2章
レモンを味わう
いろいろお菓子

ちょっとだけ手間をかけて作りたいのは、レモンのおいしさをますます発揮するお菓子。ふわふわのメレンゲをたっぷりのせたレモンクリームのパイや酸味をきっちりと効かせたタルトシトロンは、レモンだからこそ味わえる甘さと酸味のコントラストが醍醐味。どれもレモンがいろいろなお菓子と相性がいいことを教えてくれる幸せな味ばかり。鮮やかなレモンイエローが映える、とっても魅力的なお菓子がそろいました。

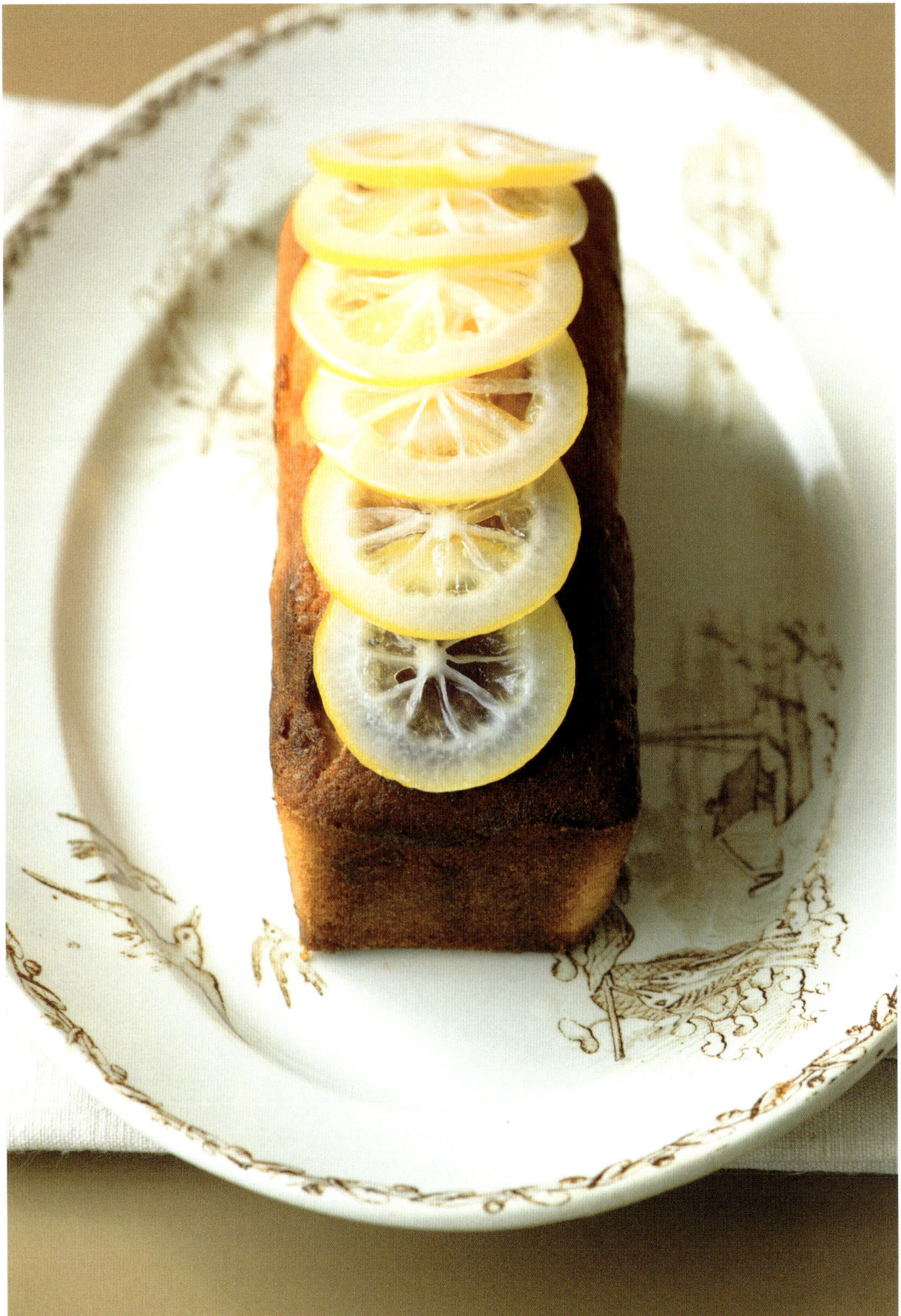

Fresh Lemon Pound Cake
フレッシュレモンの パウンドケーキ

生地にもレモンを効かせ、さらに焼きたてにもたっぷりと果汁をしみ込ませました。トッピングはフレッシュレモンスライス、もしくはなくてもOKです。

材料（18×7×6.5cmのパウンド1台分）
バター … 110g
グラニュー糖 … 110g
卵 … 2個
薄力粉 … 130g
ベーキングパウダー … 小さじ2/3
レモン果汁 … 大さじ2
レモンの皮のすりおろし … 1/2個分
◎仕上げ
レモン果汁 … 1/2個分　粉砂糖 … 50g
レモンスライスのシロップ煮（a）
　… 1/2個分
※作り方は下のPoint参照。

下準備
・バターと卵を室温に戻す。
・型にクッキングシートを敷く。型を当てて折り目をつけ、その内側4カ所に切り込みを入れ（b）、型に敷き込む（c）。
・オーブンを180℃まで予熱する。

1　ボウルにバターとグラニュー糖を入れ、白っぽくなるまで泡立て器ですり混ぜる（d）。
2　溶いた卵を10回に分けて加え、その都度なじませる。
3　薄力粉とベーキングパウダーを合わせてふるい入れ、粉けがなくなるまでゴムべらで大きくすくい混ぜる。レモン果汁とレモンの皮のすりおろしを加えて（e）、混ぜる。
4　型に流し入れ、表面をゴムべらで平らにならし、180℃のオーブンで40分焼く。
5　レモン果汁と粉砂糖を混ぜ、4が熱いうちに全体に塗ってしみ込ませ（f）、あればシロップ煮をのせる。

a　b　c

d　e　f

Point
水50ccとグラニュー糖50gを混ぜた煮汁にスライスレモンを入れ、落としぶたをして軽く煮ます。
それぞれの比率は1:1:1が目安。多めに作って保存しておくと便利。

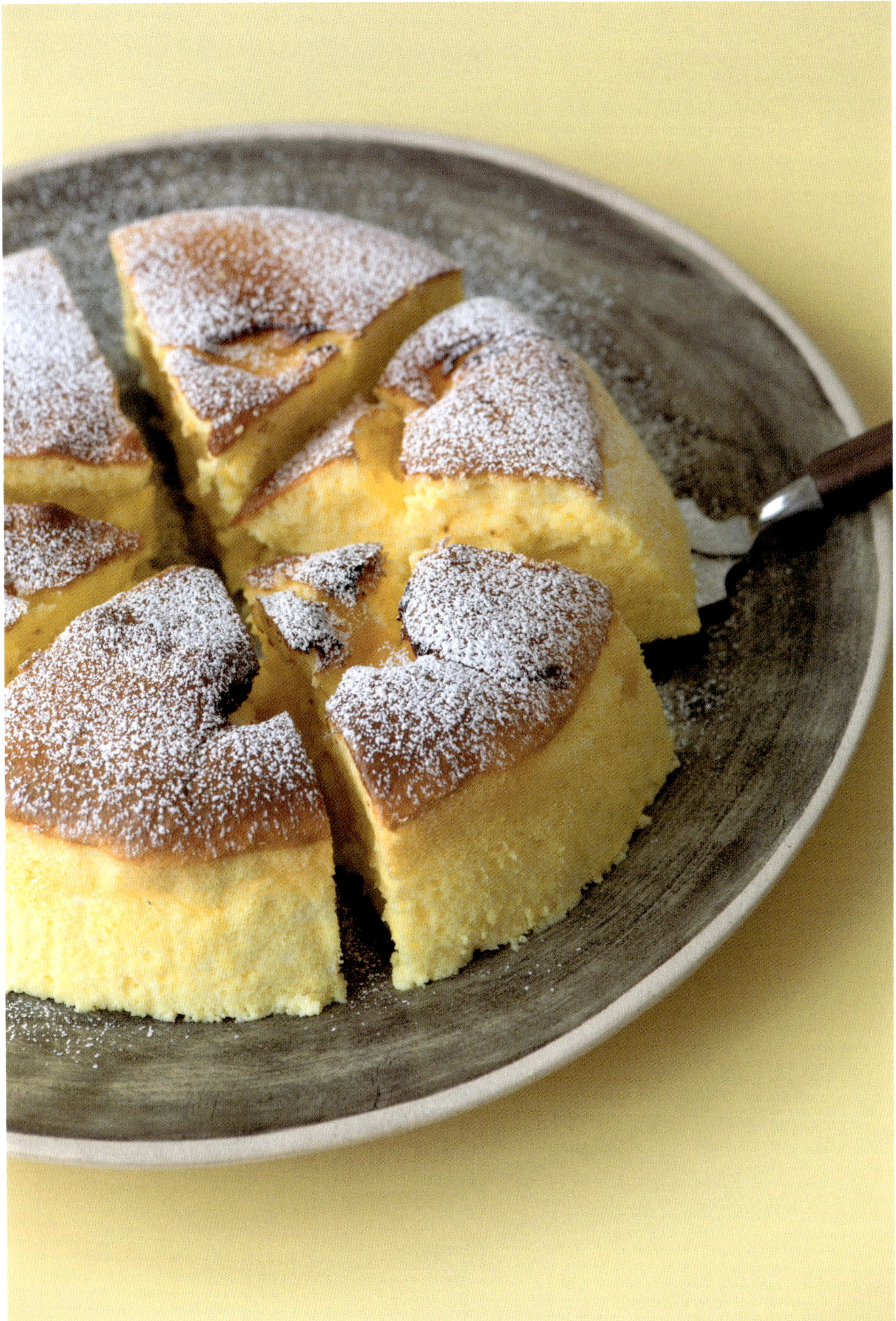

Lemon Cheesecake
レモンチーズケーキ

スフレタイプのチーズケーキ。しゅわっとした口溶けが魅力です。レモンカードをポトポトとまだらに加えることによって酸味がランダムに広がり、混ぜきった場合よりぐっと引き立ちます。焼きたてもおいしいけれど、翌日生地が締まってからもまたおいしくなるケーキです。

材料（直径18cmの丸型1台分）
クリームチーズ … 300g
グラニュー糖 … 70g
卵 … 3個
生クリーム … 100cc
レモン果汁 … 大さじ1
レモンの皮のすりおろし … 少々
薄力粉 … 60g
レモンカード（P.08）… 150g
粉砂糖 … 適宜

下準備
・クリームチーズを室温に戻す。
・卵は卵黄と卵白に分ける。
・型にクッキングシートを敷き込み、底が抜ける型の場合はアルミホイルで底をくるむ（a）。
・オーブンを170℃まで予熱する。

1 ボウルにクリームチーズとグラニュー糖30gを入れ、泡立て器でなめらかになるまで混ぜる。
2 卵黄を加えて混ぜ、生クリームを加えてさらに混ぜ合わせる。
3 レモン果汁とレモンの皮のすりおろしを加えて（b）混ぜ、薄力粉をふるい入れる。
4 別のボウルに卵白を入れ、ハンドミキサーで泡立てる。白っぽくなったら残りのグラニュー糖を少しずつ加え、角がピンと立つまで泡立てる。
5 3に4を3回に分けて加え（c）、その都度しっかり混ぜ合わせる。
6 型に流し入れ、レモンカードをまだらに落とす（d）。
7 天板にキッチンペーパーを敷いて型を置き、湯を3cm注ぐ。170℃のオーブンで40分湯煎焼きにする。
8 粗熱がとれたら型から出し、茶こしで粉砂糖をふる。

タルトシトロン、
タルトシトロンショコラ

シトロンはフランスでレモンの意味。私の大好きなフランスのレモン菓子です。きりっとした酸味を楽しみます。生地の残りはクッキーにしても。

[タルト生地] 共通
材料
（作りやすい分量、直径16cmのタルト型2台分）
バター ... 90g
粉砂糖 ... 30g
卵黄 ... 1個分
Ⓐ
　薄力粉 ... 120g
　塩 ... 少々
　アーモンドパウダー ... 20g
　（タルトシトロンショコラの場合、
　　ココア ... 10g）

下準備
・バターを室温に戻す。

1　バターと粉砂糖をボウルに入れて泡立て器で混ぜる。
2　卵黄を加え、しっかり混ざったらⒶをふるい入れるさっくりと切るように混ぜ、ひとまとめにする。ラップで包み、冷蔵庫で1時間以上寝かせる。1台ずつ作る場合は半量にして残りは冷凍保存する。
3　打ち粉（薄力粉、分量外）をふった台に2をのせ、ラップではさみ、めん棒で直径24cmほどの丸型にのばす。
4　3を型にのせ、ふちまで手で押さえつける（a）。たるませた状態ではみ出した部分をめん棒で押さえて切り取り、たるませた部分をのばしてふちより5mmほど高くする。底にフォークで数カ所穴を開ける。
5　冷凍庫で半日以上冷やしかためる。
6　クッキングシートを敷いて重しをのせる。180℃に予熱したオーブンで20分焼き、重しごとクッキングシートを除いてさらに10分焼く。室温で冷ます。

Tarte Citron,
Tarte Citron
Chocolate

［タルトシトロン］ 
材料（直径16cmのタルト型1台分）
◎レモンクリーム
Ⓐ
| 卵（溶く）... 2個　レモン果汁 ... 80cc
| レモンの皮のすりおろし ... 2個分
| グラニュー糖 ... 120g
ゼラチン ... 2〜3g　水 ... 大さじ1
バター（角切り）... 80g
焼き上げたタルト生地 ... 1台
粉砂糖 ... 適宜

下準備
・水にゼラチンをふり入れてふやかす。

1　鍋にⒶを入れ弱火にかける。絶えず泡立て器で混ぜ、ふちにとろみが出たらゴムべらに持ち替えてさらに混ぜ（a）、全体にとろみが出たら火からおろす。ふやかしたゼラチンを加えて混ぜ、ざるなどでこす。
2　バターを加えて余熱で混ぜ溶かす。
3　粗熱がとれたらタルト生地に流し込み、冷蔵庫で冷やしかためる。食べる直前に茶こしで粉砂糖をふる。

［タルトシトロンショコラ］ 
材料（直径16cmのタルト型1台分）
レモンクリーム ...「タルトシトロン」の半量
ミルクチョコレート ... 75g
生クリーム ... 大さじ2½
スイートレモンマーマレード（P.10）
　... 大さじ1
焼き上げたココアタルト生地 ... 1台

1　ミルクチョコレートは刻んでボウルに入れ、あたためた生クリームを加えてゆっくり溶かす。
2　タルト生地に1を流し入れ、マーマレードをところどころに置き、冷蔵庫で30分以上冷やす。
3　レモンクリームを「タルトシトロン」の作り方1〜3同様に半量分作る。
4　2に3を流し込み、再度冷蔵庫で冷やしかためる。

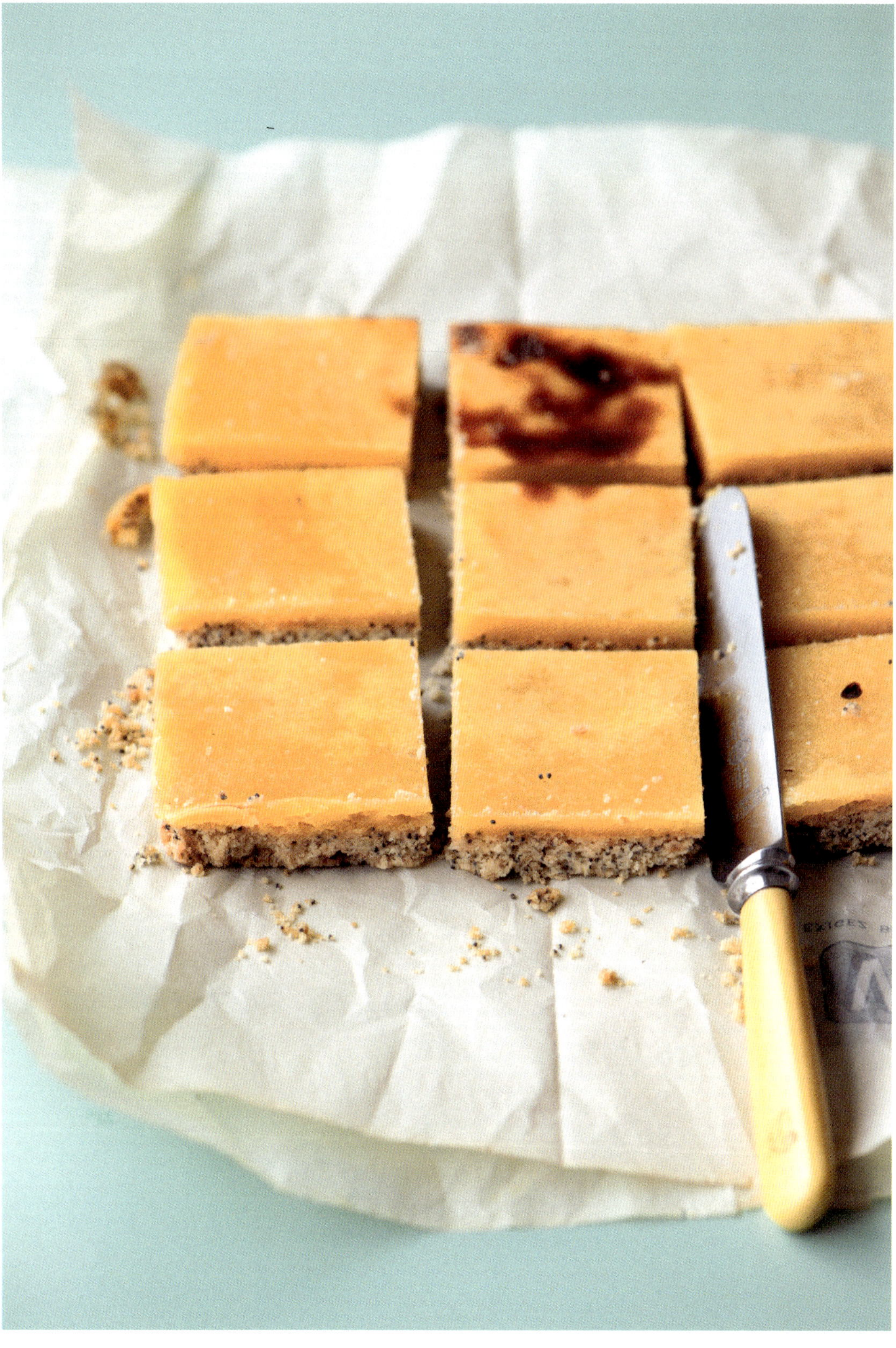

Lemon Squares
レモンスクエア

レモン果汁をぎゅっと閉じ込めたようなイメージ。目の覚めるような酸っぱさを楽しめます。レモンの味を引き出すため、クッキーはバター風味の豊かなショートブレッドのアレンジです。ポピーシードでプチプチした食感を加えます。

材料（15 × 15cmのスクエア型1台分）
薄力粉 ... 70g
粉砂糖 ... 大さじ2
レモンの皮のすりおろし ... ½個分
バター ... 60g
ポピーシード（あれば）... 小さじ1
◎フィリング
薄力粉 ... 大さじ1
ベーキングパウダー ... 小さじ¼
レモン果汁 ... 1個分
卵 ... 1個
グラニュー糖 ... 60g
レモンの皮のすりおろし ... ½個分

下準備
・バターをよく冷やして角切りにする。
・オーブンを190℃まで予熱する。

1 ボウルに薄力粉と粉砂糖を入れて泡立て器でざっと混ぜる。レモンの皮のすりおろしとバターを入れ、バターに薄力粉をまぶすようにして切り混ぜる。
2 そぼろ状になったら両手ですり混ぜ、ポピーシードを加えてひとまとめにする。
3 型に入れ、指でのばしながら敷き込む。
4 190℃のオーブンに入れて15分、うっすら焼き色がつくまで焼く。
5 フィリングを作る。ボウルに薄力粉、ベーキングパウダー、レモン果汁を入れてしっかりと混ぜる。
6 卵、グラニュー糖、レモンの皮のすりおろしを加えて泡立て器でほぐす。
7 4が熱いうちに6を流し入れ、190℃のオーブンで20分焼く。

Pick up!
● ポピーシード

けしの実。食感と香ばしい香りがあり、製菓用品店で購入可能です。こちらはブルーポピーシード。

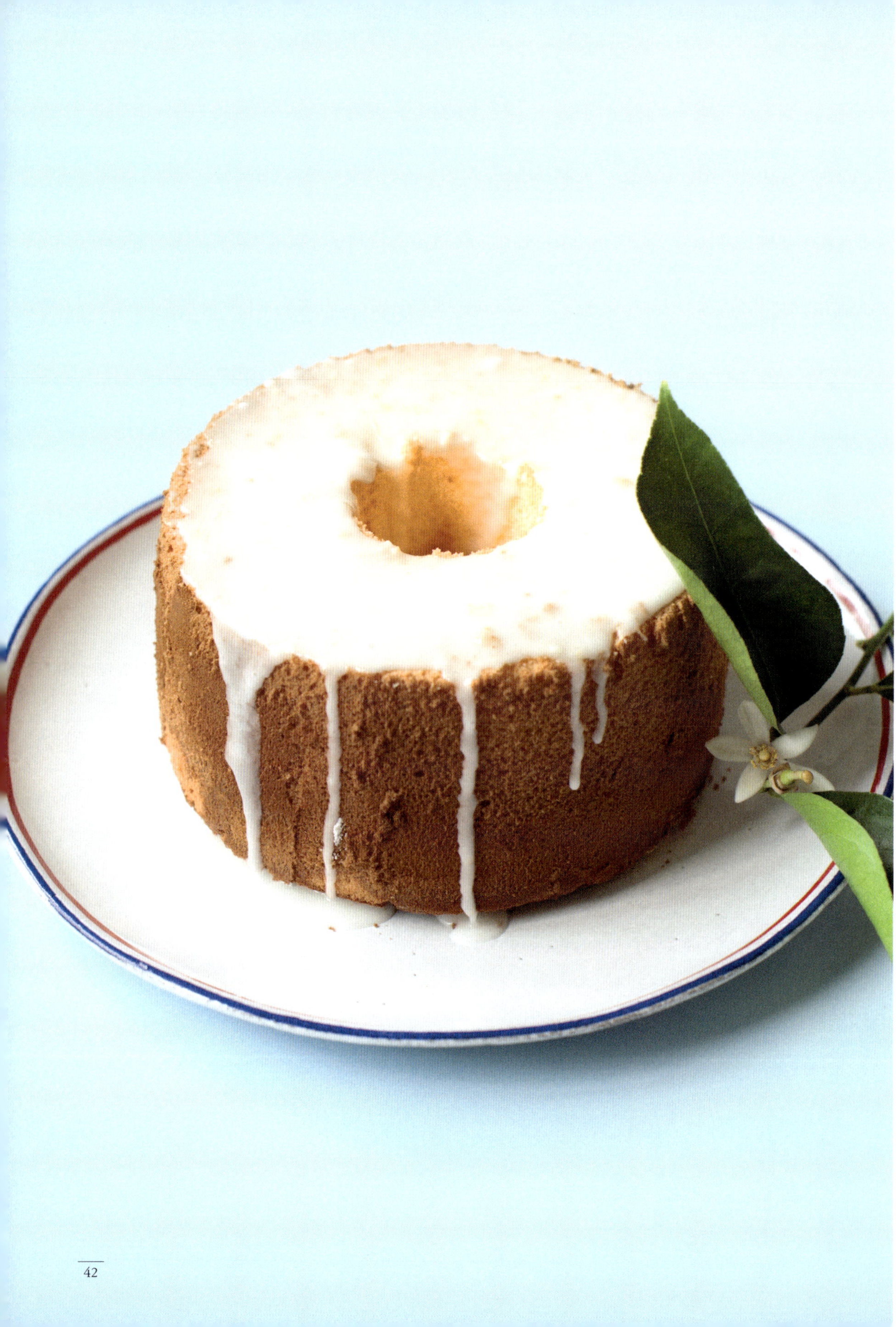

Lemon Chiffon Cake
レモンのシフォンケーキ

ふわふわとした軽い生地のシフォンケーキにアイシングをすると、シャリッとした食感が加わり、最初にレモンのフレッシュな味が広がります。あとを引くおいしさですよ。さらにレモンの香りをプラスしたいときは、レモンオイルを作ってサラダ油の代わりに加えても。

材料（底直径16cmのシフォン型1台分）
卵 … 4個
グラニュー糖 … 80g
サラダ油 … 60cc
水 … 大さじ2½
レモン果汁 … 大さじ1
レモンの皮のすりおろし … 1個分
薄力粉 … 85g
◎レモンアイシング（P.12）
粉砂糖 … 50g
レモン果汁 … 小さじ2

下準備
・卵は卵黄と卵白に分ける。
・オーブンを170℃まで予熱する。

1 卵黄と卵白をそれぞれ別のボウルに入れる。
2 卵黄のボウルにグラニュー糖の¼量を入れ、泡立て器でよく混ぜる。白っぽくなってきたらサラダ油を少しずつ加え、その都度よく混ぜる。もったりしてきたら水、レモン果汁、レモンの皮のすりおろしを加えて混ぜ、薄力粉をふるい入れ泡立て器で混ぜる。
3 卵白をハンドミキサーの高速で泡立てる。白っぽくなってきたら残りのグラニュー糖を少しずつ加えながら、角がピンと立ち、少しおじぎをするくらいまで泡立てる。
4 2のボウルに3の⅓量を入れ、泡立て器でしっかりと混ぜる。残りの3を加え、ゴムべらでさっくりとすくうように混ぜる。生地がゆっくりと流れるくらいのゆるさになればOK。
5 型に流し入れ、170℃のオーブンで30～35分焼く。型に入れたまま瓶などにさして冷ます（a）。
6 型のふちと真ん中にくるりとナイフを入れ（b）、型から出す。
7 ボウルに粉砂糖を入れて、中央にレモン果汁を加え溶き混ぜ、アイシングを作る（P.12）。パレットナイフなどで上面に塗り広げる。

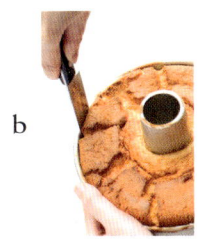

a　b

Point
瓶にレモンの皮をピーラーでむいたものを入れ、サラダ油など無臭のオイルを注いで冷蔵庫で1週間ほど漬けて置くと、レモンの香りが移ったレモンオイルができます。皮を取り出せば長期保存できるので、いつでもレモンの香りを楽しめます。

Weekend
レモンとサワークリームのウィークエンド

サワークリームを入れることで軽い印象のケーキになります。2種類の酸味が重なるので、さっぱりとするのです。アイシングは塗ってからさっと焼くので、透明感のある仕上がりになります。

材料（18 × 7 × 6.5cmのパウンド型）
Ⓐ
 バター ... 90g
 グラニュー糖 ... 90g
 サワークリーム ... 45g
卵 ... 2個
薄力粉 ... 120g
ベーキングパウダー ... 小さじ½
レモンの皮のすりおろし ... ½個分
◎レモンアイシング（P.12）
粉砂糖 ... 50g
レモン果汁 ... 小さじ2

ビターレモンマーマレード（P.10）、
　ピスタチオ ... 各適宜

下準備
・バターと卵を室温に戻す。
・パウンド型にクッキングシートを敷き込む。
・オーブンを180℃まで予熱する。

1 ボウルにⒶを入れ、ハンドミキサーまたは泡立て器でふんわりとするまでしっかり泡立てる。
2 溶いた卵を少しづつ加え、その都度混ぜてなじませる。
3 薄力粉とベーキングパウダーを合わせてふるい入れ（a）、レモンの皮のすりおろしも加え、ゴムべらで粉けがなくなるまで大きくすくい混ぜる（b）。
4 生地につやが出るまで底から大きくすくい返すように全体を混ぜる。
5 型に流し入れ、表面をゴムべらでならし、180℃のオーブンで40分焼く。
6 粗熱がとれたらふくらんだ部分を切り落とし（c）、ひっくり返す。
7 ボウルに粉砂糖を入れて中央にレモン果汁を入れて溶き混ぜ、アイシングを作る（P.12）。
8 上部にアイシングをのせ、たれたところからのばす（d）。仕上げに200℃のオーブンで1分程度、アイシングが均等に流れ落ちるまでさっと焼く。あればトップにビターマーマレードとピスタチオを飾る。

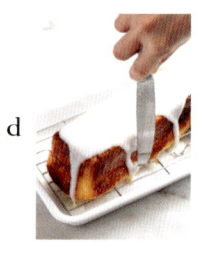

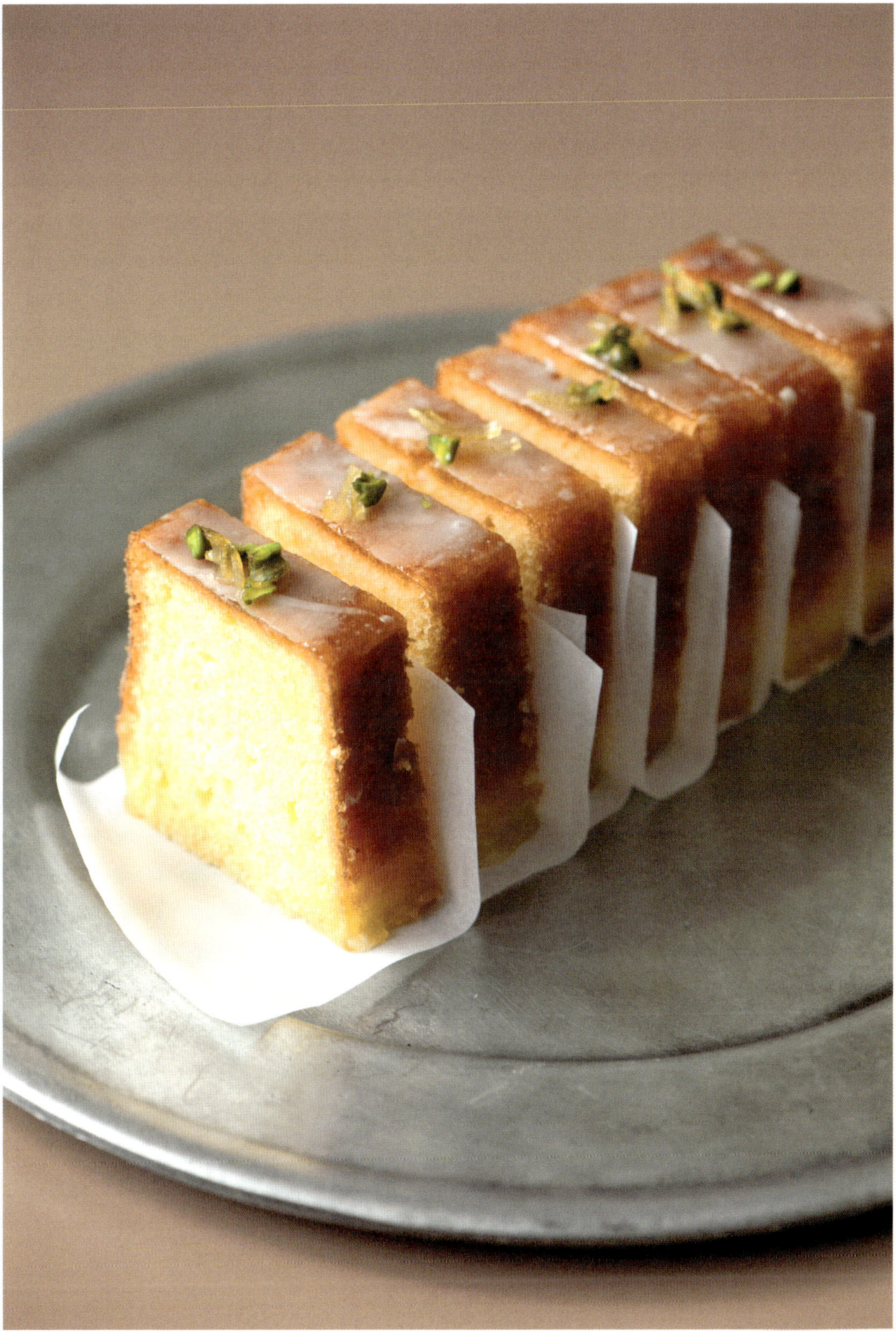

Lemon Meringue Pie
レモンメレンゲパイ

軽いメレンゲと合わせていただくとちょうどいい、コクのあるレモンクリーム。酸味と甘さのめりはりが魅力です。日本は湿度が高く、メレンゲがしぼみやすいので当日中に食べるのがおすすめです。

材料（直径21cmのパイ皿1台分）
冷凍パイシート（20×20cm）... 1枚
◎レモンクリーム
Ⓐ
　グラニュー糖 ... 100g
　コーンスターチ ... 大さじ2
　レモンの皮のすりおろし ... 大さじ½
レモン果汁（3個分）＋水（適量）
　... 計150cc
卵黄 ... 2個分
卵 ... 2個
バター ... 15g
◎メレンゲ
卵白 ... 2個分
グラニュー糖 ... 50g

◎レモンクリーム
1 小鍋にⒶを入れ、水と合わせたレモン果汁を少しずつ加えながら泡立て器で混ぜる（a）。なめらかになったら溶いた卵黄と卵を加え（b）、混ぜる。
2 1を弱火にかけ、泡立て器で混ぜながら火を通す。とろみがついたらゴムべらに持ち替え、しばらく混ぜて火を止める（c）。
3 バターを加え、余熱で溶かし混ぜる。ザルでこしながらバットに移し、表面に密着するようにラップをかけ、冷蔵庫で1時間以上冷やす。

◎パイ
4 オーブンは180℃まで予熱する。冷凍パイシートはめん棒で軽くのばし、パイ皿にのせてふちまできちんと手で押さえつける。ふちからはみ出した部分はキッチンばさみで切り取る。
5 底にフォークで数カ所穴を開け、クッキングシートを敷いて重しをのせる。
6 180℃のオーブンで20分焼き、クッキングシートを重しごと除いてさらに10分焼く。室温で冷ます。

◎メレンゲ
7 ボウルに卵白を入れ、ハンドミキサーの高速で白っぽくなるまで泡立てる。グラニュー糖を数回に分けて加え、その都度さらに泡立て、角がしっかり立つまで泡立てる。
8 6のパイに3のレモンクリームをのせ、ゴムべらで平らにならす。その上に7のメレンゲをのせてゴムべらで平らにならし、スプーンの背を当てて角を作る。
9 220℃のオーブンで3～4分焼き、表面にうっすらと焼き色をつける。

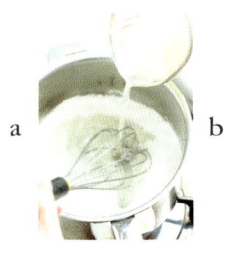

Lemon Roll Cake

レモンとホワイトチョコレートクリームの
ロールケーキ

はちみつ入りのしっとり生地に、優しいホワイトチョコクリームをたっぷり。そこにレモンカードの酸味が鮮やかです。生地はラップでぴっちり包んで半日以上冷ますと巻きやすく、味もなじみます。

材料（直径7cm×長さ24cm 1本分）
◎生地
Ⓐ
　卵 ... 3個
　グラニュー糖 ... 90g
　はちみつ ... 大さじ½
薄力粉 ... 60g
◎ガナッシュモンテ
ホワイトチョコレート ... 80g
生クリーム ... 200cc

レモンカード（P.08）... 150g

◎仕上げ（お好みで）
生クリーム ... 200cc
グラニュー糖 ... 大さじ1
ホワイトチョコレート ... 適宜

下準備
・ガナッシュモンテのホワイトチョコを刻んでボウルに入れ、沸騰直前まであたためた生クリームを注いで溶かし混ぜる。冷蔵庫でひと晩（最低6時間）冷やす。
・天板にクッキングシートを2枚敷き込む。1枚は底面にぴったりの大きさに切って敷き、もう1枚は大きめに切ってふちを立たせて敷く。
・オーブンを190℃まで予熱する。

1　ボウルにⒶを入れて湯煎にかけ、ハンドミキサーの高速で泡立てる。人肌よりやや熱いくらい（約40℃）になったら湯煎からおろしてさらに4〜5分泡立てる。生地を持ち上げて落とし、線が残るくらいになればOK。
2　薄力粉をふるい入れ、ゴムべらに持ち替え、片手でボウルを回しながら、底から大きく返すようにしっかりと混ぜる。
3　生地につやが出てきたら天板の中心に流し入れ、カードで全体に広げ（a）、190℃のオーブンで10〜12分焼く。
4　全体に焼き色がついたらクッキングシートごと天板からはずしてまな板などに置き、もう1枚クッキングシートをかけ、粗熱が取れたらラップで密閉して完全に冷ます（できればひと晩置く）。
5　巻く直前に、冷やしたガナッシュモンテの材料をボウルに入れ、ハンドミキサーで角が立つまで泡立てる。
6　4の焼き面のクッキングシートをそっとはがす。5を塗り広げ（b）、ところどころにレモンカードを落とす（c）。手前1.5cmのところに浅い切り込みを入れ、下のクッキングシートを持って巻く（d）。ラップで包み、冷蔵庫で3時間以上休ませる。
7　仕上げ用の生クリームにグラニュー糖を加えて泡立て、表面に塗り、ホワイトチョコレートを削ってふる。

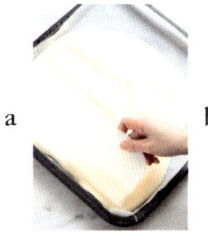

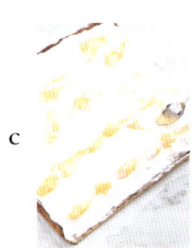

Lemon Macaroon
レモンのマカロン

レモン果汁たっぷりの爽やかなマカロン。卵白を立てたあと、黄色の着色料を少量入れると、より色鮮やかに仕上がります（グラスに入っているもの）。冷蔵庫に保存し、1日おいて馴染んだころがいちばんおいしくいただけます。

材料（約10個分）
◎生地
アーモンドパウダー ... 75g
粉砂糖 ... 110g
卵白 ... 65g
グラニュー糖 ... 25g
乾燥卵白 ... 1g
レモンの皮のすりおろし ... 少々
◎レモンクリーム
卵 ... 1個
グラニュー糖 ... 50g
レモン果汁 ... 25cc
レモンの皮のすりおろし ... 1/2個分
バター ... 25g
コーンスターチ ... 5g

下準備
・卵白は割ってからよくほぐしてコシを切り、2～3日冷蔵庫に保存しサラサラの状態にする。
・直径1cmの丸口金を絞り袋にセットする。
・天板にクッキングシートを敷き込む。
・オーブンを170℃まで予熱する。

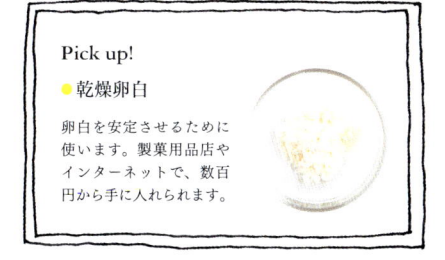

Pick up!
● 乾燥卵白
卵白を安定させるために使います。製菓用品店やインターネットで、数百円から手に入れられます。

1. アーモンドパウダーと粉砂糖を合わせてふるう（a）。
2. 卵白をボウルに入れ高速のハンドミキサーで角がゆるく立つまで泡立てる。
3. グラニュー糖に乾燥卵白を加えて混ぜ、2に加え、さらに泡立てる（b）。
4. しっかりと角が立つようになったら、1を2～3回に分けて加え、さらにレモンの皮のすりおろしを入れてゴムべらでさっくり合わせる。ゴムべらの平らな面で生地をボウルの底に押しつけるようにして気泡をつぶし、生地をペースト状にする（c, マカロナージュ）。
5. 4を絞り袋に入れ、直径3.5cmに絞り出す（d）。絞ったときに角が立ったら、マカロナージュが足りないので、もう一度混ぜる。表面が乾くまで30分～1時間室温に置く。
6. 170℃のオーブンで1～2分焼き、一旦ドアを開け、130℃に下げて焼き色がつかないように15～20分焼く。シートからはがしてみてきれいにはがれれば焼き上がり。オーブンから出し、そのまま室温で冷ます。
7. レモンクリームを作る。ボウルに卵とグラニュー糖を入れてよく混ぜる。
8. レモン果汁にレモンの皮のすりおろしを入れ沸騰直前まであたため、7に加える。湯煎にかけコーンスターチを加えてとろりとするまで混ぜる。こして熱いうちにバターを加え混ぜ、ラップをして冷蔵庫で冷やす。
9. 6が冷めたらクッキングシートから外し、8をはさみ、冷蔵庫で冷やす。いただくときは室温に少し置いて。

Lemon Boston Cream Pie
レモンのボストンクリームパイ

普通はカスタードとチョコレートを使いますが、今回はレモンとマスカルポーネを使った、爽やかかつミルキーなクリームで仕上げました。軽やかなクリームに合うよう、生地はコーンスターチを加えほろほろとした食感に。

材料（直径18cmの丸型1台分）
◎スポンジ生地
卵 … 3個
グラニュー糖 … 100g
はちみつ … 小さじ1
薄力粉 … 70g
コーンスターチ … 30g
牛乳 … 大さじ2
サラダ油 … 大さじ1
◎クリーム
マスカルポーネ … 100g
グラニュー糖 … 大さじ2
生クリーム … 200cc
レモンカード（P.08）… 150g
※または「レモンメレンゲパイ（P.46）」のクリーム半量
レモンスライスのシロップ煮（a）
　… 2個分
※水200ccとグラニュー糖200gを混ぜた煮汁で落としぶたをして軽く煮る

下準備
・型にクッキングシートを敷き込む。
・オーブンを170℃まで予熱する。

◎生地
1 ボウルに卵、グラニュー糖、はちみつを入れ、湯煎にかけてハンドミキサーで泡立てる。
2 人肌よりやや熱いくらい（約40℃）になったら湯煎からおろしてさらに4〜5分泡立てる。生地を持ち上げて落とし、太くリボン状に線が残るくらいになればOK（b）。
3 ハンドミキサーの低速でさらに1分ほど泡立て、生地のきめを整える。
4 薄力粉とコーンスターチをふるい入れ、ゴムべらで切るように、粉けがなくなるまでしっかり混ぜる（c）。
5 牛乳とサラダ油をよく混ぜ、4に加え（d）、さらにつやが出るまでよく混ぜる。
6 型に流し入れ、170℃のオーブンで30分焼く。表面がふくらんできつね色になり、竹串を刺して何もつかなければ焼き上がり。
7 焼き上がったらすぐに型を10cmくらいの高さから落として空気を抜く。ひっくり返して型から出し（e）、冷ます。

◎クリーム、仕上げ
8 マスカルポーネとグラニュー糖を混ぜ、生クリームを少しずつ加えて、なめらかになるまで混ぜる。
9 7を横半分に切り断面にレモンスライスのシロップ煮の煮汁（適量）をさっとはけで塗る。、下のほうに8の½量を塗り、レモンカードをのせてのばす。上の部分をのせ、残りのクリームを塗る。シロップ煮を飾る。

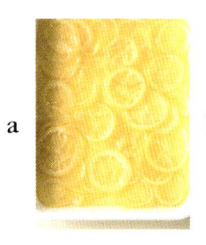

a　b　c

d　e

レモンとズッキーニと生ハムのケークサレ、レモンとサーモンのマフィン

焼けたレモンが新しい魅力的な味。牛乳をヨーグルトに置き換えると、よりさっぱりします。この2つのレシピは、パウンド型で焼いてもマフィンにしてもおいしくいただけるので、お好きな方でどうぞ。

[レモンとズッキーニと生ハムのケークサレ]
材料（18×7×6.5cmのパウンド型1台分）
ズッキーニ ... 100g
オリーブオイル ... 小さじ1
生ハム ... 40g　レモン ... ¼個
Ⓐ
　薄力粉 ... 120g　塩 ... ひとつまみ
　粉チーズ ... 40g
　ベーキングパウダー ... 小さじ½
Ⓑ
　卵 ... 2個
　牛乳 ... 60g
　サラダ油 ... 大さじ3
レモンの皮のすりおろし ... ½個分
レモン果汁 ... 小さじ2

下準備
・型にクッキングシートを敷き込む。
・オーブンを180℃まで予熱する。

1　ズッキーニは薄切りにし、オリーブオイルでさっと炒める。生ハムは食べやすく切る。レモンは半月切りにする。
2　ボウルにⒶを入れて泡立て器でざっと混ぜる。
3　別のボウルにⒷをよく混ぜる。2に少しずつ加え、その都度ざっと混ぜる。
4　レモンの皮のすりおろしとレモン果汁を加えて混ぜる。
5　型に流し入れ、ズッキーニと生ハムは少し埋め込みながら散らし、レモンは上に散らす。
6　180℃のオーブンで35〜40分焼く。

[レモンとサーモンのマフィン]
材料（直径5.5cmのマフィン型6個分）
赤たまねぎ ... 50g　レモン ... ½個
スモークサーモン ... 40g
Ⓐ ⇒上記ケークサレ同様
Ⓑ ⇒上記ケークサレの牛乳を
　ヨーグルト60gに替える。
ディル ... 適宜

下準備
・型にグラシン紙を敷き込む。
・オーブンを180℃まで予熱する。

1　たまねぎは薄切りにする。レモンは薄切りにして食べやすく切る。サーモンはひと口大に切る。
2　ボウルにⒶを入れて泡立て器でざっと混ぜる。
3　別のボウルにⒷをよく混ぜる。2に少しずつ加え、その都度泡立て器でよく混ぜる。たまねぎを加えてさっと混ぜる。
4　型に流し入れ、レモンとサーモンを少し埋め込みながら散らし、ディルをのせる。
5　180℃のオーブンで20分焼く。

Cake Salé & Muffins

Lemon Peel
レモンピール

レモンの皮とグラニュー糖だけで作れるのに、ほろ苦さがクセになり、どこかリッチなお茶うけです。皮をダイレクトに食べるので、無農薬のレモンを使いましょう。焼き菓子に入れるのもおすすめです。

材料（作りやすい分量）
レモン ... 4個
グラニュー糖 ... 皮の正味と同量

下準備
・レモンは皮をたわしなどで洗い、表面に軽く傷をつける（苦みを抜くため）。

1 レモンは縦に4等分し、実を取る。皮を5mmの幅に切って計量し、皮と同量のグラニュー糖を用意する。
2 鍋に1の皮を入れ、ひたひたの水を注いで中火にかけ、沸騰したら火を止めて水けをきる。これを3回繰り返す。苦めが好きなら回数を減らしても。
3 鍋に2とグラニュー糖の半量を入れて中火にかけ、水分を飛ばしながら煮詰める。ほぼ水分がなくなり、皮に透明感が出てきたらOK。
4 クッキングシートの上に3を広げ、残りのグラニュー糖をまぶし、室温に置いてひと晩乾かす。

3章
レモンの
冷たいお菓子

もともとレモンのフレッシュな味は冷たいデザートに使うイメージが強いかもしれません。ゼリーやソルベなど、口の中でひんやりと広がる爽快な酸味は、暑い時期のごちそうです。お砂糖やはちみつで甘さを効かせてパッと華やかに。そして、レモンはレアチーズケーキやババロアなど、ミルキーな味にも似合います。パフェのように楽しむトライフルや定番のレモネード、そしてレモンのお酒まで、冷たい味を楽しんでみて。

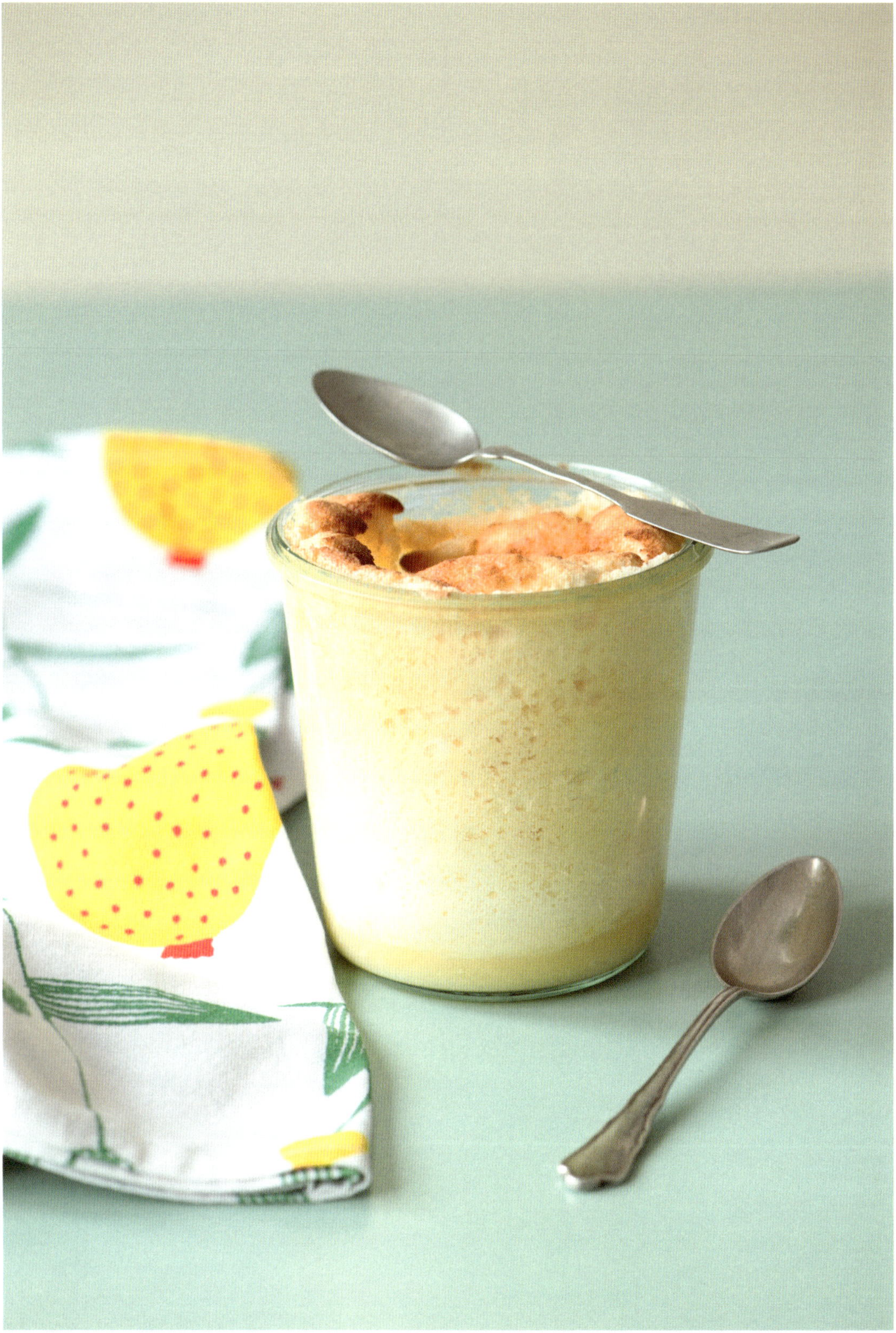

Lemon Sauce Pudding
レモンソースプディング

イギリスの伝統的なお菓子。メレンゲ入りの生地を蒸し焼きにすると、お湯につかった部分だけがかたまって質感が2層のプディングになります。大きく作ってスクープしても、一人分ずつにしても。

材料（600ccの耐熱容器1台分）
※または300ccのココット2個分)
グラニュー糖 ... 90g
バター ... 50g
卵 ... 2個
レモンの皮のすりおろし ... 1個分
レモン果汁 ... 1個分
薄力粉 ... 大さじ3
牛乳 ... 260cc

下準備
・バターを室温に戻す。
・卵は卵黄と卵白に分ける。
・オーブンを170℃まで予熱する。

1　ボウルにグラニュー糖の½量とバターを入れてすり混ぜ、卵黄、レモンの皮のすりおろしを加えてさらに混ぜる。
2　レモン果汁、薄力粉を加え、粉けがなくなるまで混ぜる。
3　牛乳を沸騰直前まであたため、2に少しずつ加えて混ぜる。
4　別のボウルに卵白を入れ、ハンドミキサーの高速で泡立てる。白っぽくなってきたら少しずつ残りのグラニュー糖を加え、角がピンと立つまで泡立てる。
5　3のボウルに4を加えてさっくり混ぜ、耐熱容器に流し入れる。
6　天板に置き、湯を3cm注ぐ。170℃のオーブンで30〜35分（300cc×2個なら25〜30分）、表面がかたまるまで湯煎焼きにする。粗熱がとれたら冷蔵庫で冷やす。

No-bake Lemon Cheesecake
レモンのレアチーズケーキ

フレッシュなヨーグルトがたっぷり入った爽やかなレアチーズケーキです。ビスケットは「マクビティ ダイジェスティブ ビスケット」を使いましたが、「ロータス カラメルビスケット」などもおすすめ。

材料（直径18cmの丸型1台分
　※底がとれるタイプ）

ビスケット ... 9枚
バター ... 20g
レモンの皮のすりおろし ... ½個分
クリームチーズ ... 200g
グラニュー糖 ... 100g
生クリーム ... 200cc
粉ゼラチン ... 5g
　水 ... 大さじ2
プレーンヨーグルト ... 150g
レモン果汁 ... 大さじ1½
レモンスライスのシロップ煮（a）
　... 1½個分
※水150ccとグラニュー糖150gを
　混ぜた煮汁で落としぶたをして軽く煮る

下準備
・クリームチーズを室温に戻す。
・ヨーグルトは30分以上水切りして75gにする。
・水にゼラチンをふり入れてふやかす（b）。

1 ビニール袋などにビスケットを入れ、すりこ木で細かく砕く。
2 バターをボウルに入れ、湯煎にかけて溶かす。粗熱がとれたら1とレモンの皮のすりおろしを加えてよく混ぜ、型の底に敷き詰める（c）。
3 ボウルにクリームチーズとグラニュー糖を入れ、泡立て器でなめらかになるまで混ぜる（d）。
4 耐熱ボウルに生クリームの⅓量を入れ、ラップをかけずに電子レンジで20〜30秒加熱する。ふやかしたゼラチンを混ぜ溶かす。
5 残りの生クリームを6分立て（泡立て器ですくうとあとがすぐに消える状態）に泡立てる。
6 3に4を加え、しっかりと混ぜる。ヨーグルト、5、レモン果汁を加えてさらによく混ぜ、2に流し入れる。
7 冷蔵庫で2時間以上冷やしかため、シロップ煮をのせる。

a

b

c

d

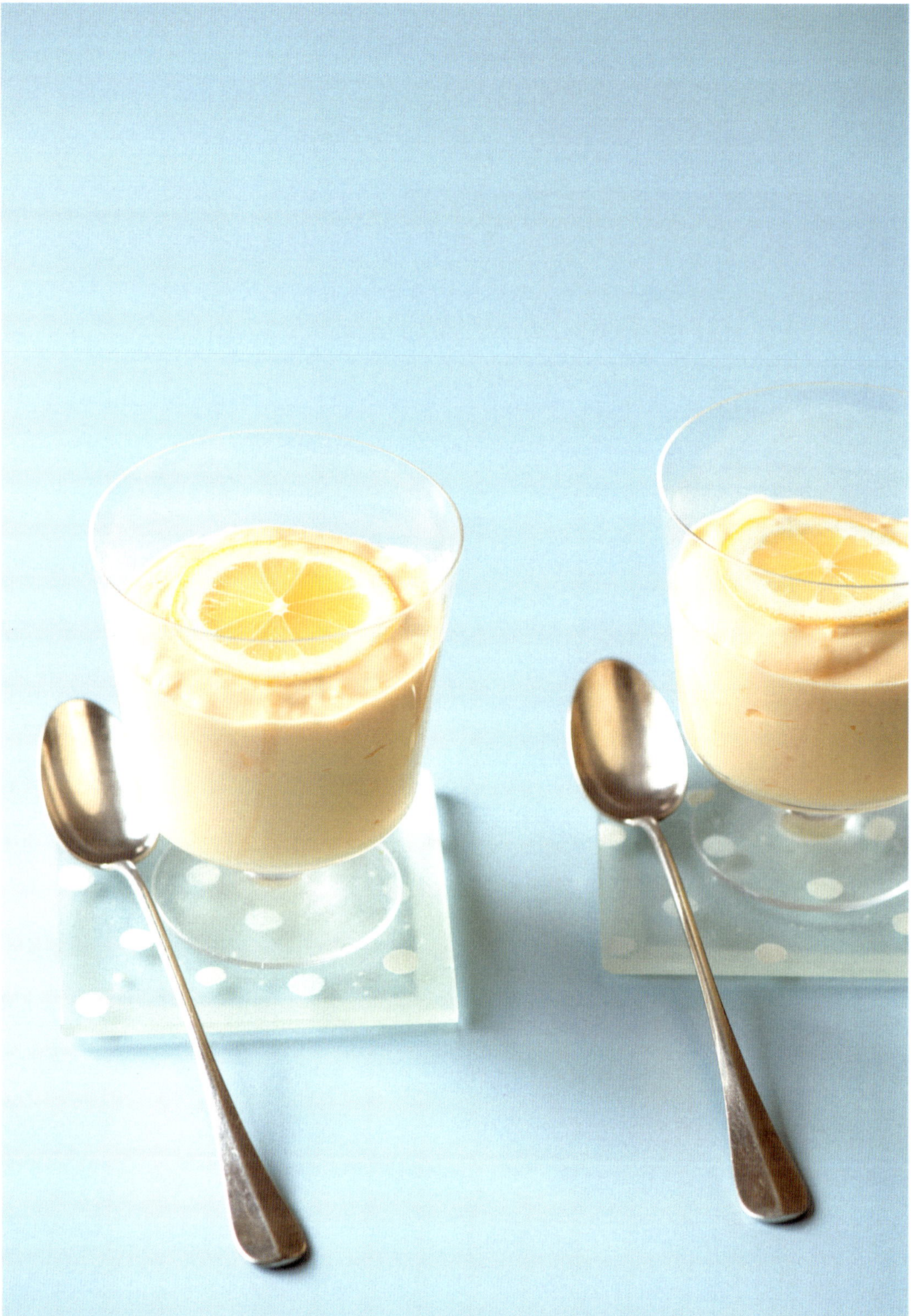

Lemon Bavarois Cream
レモンミルクのババロア

牛乳に皮を入れて沸騰させ、冷ますとレモンの香りが牛乳に移ります。この牛乳を使えば、ほんのりとレモンが香るさまざまなデザートを作ることができます。そんなレモンミルクの味をシンプルに。

材料（容量 200ml の容器　4個分）
◎レモンアングレーズソース
卵黄 ... 3個分
グラニュー糖 ... 50g
牛乳 ... 250cc
レモンの皮（ピーラーで薄くむく）... 1個分
粉ゼラチン ... 5g
　水 ... 大さじ 1½

生クリーム ... 100cc
　グラニュー糖 ... 大さじ ½
レモンのスライス…2枚

下準備
・水にゼラチンをふり入れてふやかす。
・小鍋に牛乳とレモンの皮を入れて（a）弱火にかけ、沸騰したらすぐ火を止め、鍋に入れたまま置いて冷ます。

1　レモンアングレーズソースを作る。ボウルに卵黄とグラニュー糖を入れ、砂糖が溶けるまで泡立て器で混ぜる（b）。
2　レモンを浸した牛乳を再度あたため、こして1に加えて混ぜ、鍋に戻す。
3　弱火にかけ、ゴムべらでたえず混ぜながらとろみがつくまで火を通す。ゴムべらで生地をすくって指で触ったとき、あとが残るくらい（c）になったらアングレーズソースのできあがり。火からおろし、ふやかしたゼラチンを加えて混ぜる。ざるでボウルにこし入れる。
4　ボウルの底を氷水に当て、ゴムべらで混ぜながらもったりするまで冷やす。
5　別のボウルに生クリームとグラニュー糖を入れて、しっかりと角が立つまで泡立てる。
6　5に4の⅓量を加えて手早く混ぜ、4に戻し入れ、さっくりと混ぜ合わせる。
7　容器に流し入れ、冷蔵庫で1時間以上冷やしかため、レモンのスライスをのせる。

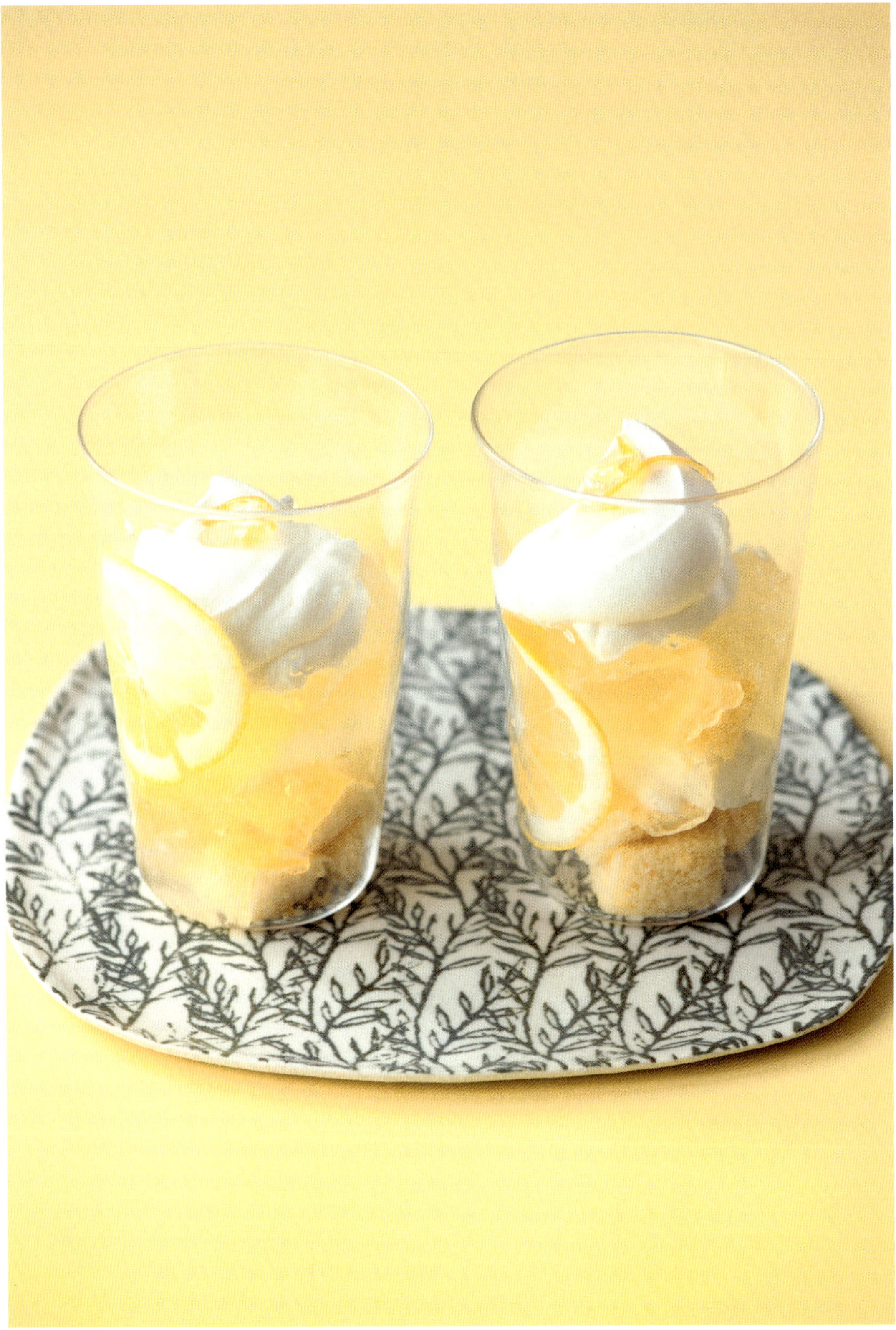

Lemon Trifle
レモンのトライフル

レモン味のゼリーをパフェのように仕上げます。スポンジにだんだんゼリーの水分がしみ込んでとろけるおいしさに。ゼリーだけでもおいしいので、好きなように重ねて。贅沢なお茶の時間をどうぞ。

材料（2〜3人分）
◎レモンゼリー
グラニュー糖 ... 大さじ4
はちみつ ... 大さじ1
水 ... 180cc
粉ゼラチン ... 5g
　水 ... 大さじ1½
レモン果汁 ... 1個分
◎クリーム
生クリーム ... 100cc
プレーンヨーグルト ... 100g
グラニュー糖 ... 大さじ1

スポンジケーキ ... 20g
※または、カステラ2切れ
スイートレモンマーマレード（P.10）
　... 適量
レモンスライスのシロップ煮
※レモン1個に対し、水100ccと
　グラニュー糖100gを混ぜた煮汁で
　落としぶたをして軽く煮る
またはレモンのスライス ... 適宜

下準備
・水にゼラチンをふり入れてふやかす。
・ヨーグルトは30分以上水切りして50gにする。

◎レモンゼリー
1 鍋にグラニュー糖、はちみつ、分量の水180ccを入れて弱火にかけ、グラニュー糖を溶かす。
2 火を止め、ふやかしたゼラチン（a）、レモン果汁を加えて混ぜ、バットなどに流し入れて冷蔵庫で1時間以上冷やしかためる。

◎クリーム、仕上げ
3 生クリームを6分立て（泡立て器ですくうをあとがすぐに消える状態）にして、水切りヨーグルト、グラニュー糖と合わせて混ぜる。
4 グラスに角切りにしたスポンジケーキ、2のゼリー、3のクリームを重ね入れて、好みでスイートレモンマーマレード、レモンスライスのシロップ煮（またはレモンのスライス）を添える。お好みでリモンチェッロ（P.77）を加えても。

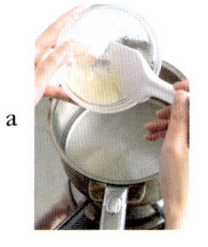

a

Lemon Tiramisu
レモンの紅茶ティラミス

通常コーヒー味のティラミスを、レモンティーのような味わいですっきりと。レモンの皮はゼスター（P.14）で削るとくるりと巻いてかわいい仕上がりになります。紅茶は惜しまず香りのいいものを。

材料（長径20cmの楕円キャセロール1台分）
グラニュー糖 ... 大さじ3
卵 ... 2個
レモンの皮のすりおろし ... ½個分
レモン果汁 ... 大さじ1
マスカルポーネ ... 250g
フィンガービスケット ... 200g
Ⓐ
　紅茶（アールグレイ）
　　... 200ccの熱湯にティーバッグ2個
　リモンチェッロ（P.77） ... 大さじ1½
レモンの皮のせん切り ... 適量

下準備
・卵は卵黄と卵白に分ける。

1 ボウルにグラニュー糖の½量、卵黄、レモンの皮のすりおろし、レモン果汁を入れ、湯煎にかけてふんわりするまで泡立てる（a）。
2 別のボウルに卵白を入れ、泡立て器で跡に筋が残るまで泡立てる。残りのグラニュー糖を2回に分けて加え、その都度混ぜ、角がピンと立つまで泡立てる。
3 さらに別のボウルにマスカルポーネを入れて泡立て器で混ぜ、1を加えて混ぜる。
4 3に2を2回に分けて加え、その都度ゴムべらでさっくりと混ぜる（b）。
5 フィンガービスケットの½量を、合わせたⒶに浸しながら型に敷き詰め（c）、4の½量を流し入れる。同様に繰り返し、ラップをかけて冷蔵庫で1時間冷やす。
6 食べる前にレモンの皮のせん切りを散らす。

67

卵黄をたっぷりと使ったまったりと濃厚なブリュレ。そのコクに負けないレモンの香りは、乳製品に移しておきます。香りがふんわり広がる奥深い味。

材料（直径12cmの耐熱容器2台分）
卵黄 ... 3個分　グラニュー糖 ... 30g
牛乳 ... 130cc
生クリーム ... 200cc
レモンの皮 ... 1/2個分
※黄色い部分だけをピーラーで薄くむく。
グラニュー糖（仕上げ用）... 大さじ3

下準備
・オーブンを150℃まで予熱する。
・小鍋に牛乳、生クリーム、レモンの皮を入れて弱火にかけ、沸騰したらすぐ火を止め、鍋に入れたまま置いて冷ます。

1　ボウルに卵黄を溶き、グラニュー糖を加え、すり混ぜる。
2　小鍋の牛乳を再度あたためてざるなどでこし、1に少しずつ加えてその都度混ぜる。耐熱容器に注ぎ入れる。
3　天板にキッチンペーパーを敷いて2を入れ、お湯を1cmほど注ぎ、150℃のオーブンで20分湯煎焼きにする。粗熱がとれたら冷蔵庫で冷やす。
4　3に仕上げ用のグラニュー糖をふり、バーナーで焼くか、魚焼きグリルまたはトースターでこんがりするまで焼く。再度冷蔵庫で冷やしていただく。（または、グラニュー糖を小鍋に熱しキャラメル色になったら、少量のレモン汁とお湯で溶かしてキャラメルソースにしたものをかけても）。

Lemon Brule
レモンのブリュレ

Lemon and Apricots Jelly
レモンとあんずの寒天

ヘルシーな寒天にレモンが透けた涼しげなデザート。寒天には甘みをつけず、あんずを煮たシロップでいただきます。寒天は角切りにしても甘味風で楽しい！

材料（15cm角の流し缶）
レモンのスライス ... 2枚
水 ... 400cc
寒天 ... 4g
◎あんずのシロップ煮
ドライあんず ... 50g
グラニュー糖 ... 50g
水 ... 適量

1 レモンのスライスは1枚を10等分する。
2 小鍋に分量の水と寒天を入れ、混ぜながら沸騰させ、中火で3分ほど煮る。
3 2を型に流し入れ、1を散らす。冷蔵庫か涼しい場所で冷やしかためる。
4 あんずのシロップ煮を作る。小鍋に刻んだドライあんず、グラニュー糖、ひたひたの水を入れて中火にかけ、20分ほど煮る。粗熱がとれたら冷蔵庫で冷やす。
5 3を型から出し、4を煮汁ごとかける。

Lemon Mousse
レモンのムース

いたってシンプルなムースだけれど、口に入れると淡雪のようにレモンの味がふんわりと広がります。爽やかなのにコクもあってリッチな風味のデザートです。

材料（16 × 10 × 3 cm のキャセロール 1 台分）
生クリーム ... 100 cc
　グラニュー糖 ... 小さじ 2
卵 ... 1 個
グラニュー糖 ... 40 g
レモンの皮のすりおろし ... ½ 個分
レモン果汁 ... ½ 個分
ゼラチン ... 3 g
　水 ... 大さじ 1
プレーンヨーグルト ... 120 g

下準備
・プレーンヨーグルトは 30 分以上水切りして 60 g にする。
・卵は卵黄と卵白に分ける。
・水にゼラチンをふり入れてふやかす。

1　生クリームにグラニュー糖小さじ 2 を加え、角がピンと立ち、少しおじぎをするくらいに泡立てる。
2　ボウルに卵黄、グラニュー糖の ½ 量、レモンの皮のすりおろしを入れ、すぐに泡立て器ですり混ぜる。
3　レモン果汁を加えて湯煎にかけ、白っぽくなるまで泡立てる。
4　あたたまってきたら湯煎からおろし、ふやかしたゼラチンを加えて溶かし混ぜる。
5　水切りヨーグルトを加えてなめらかになるまで混ぜ、1 も加えてさっくりと混ぜる。
6　別のボウルに卵白を入れてほぐし、残りのグラニュー糖を加え、角がしっかり立つまで泡立てる。
7　5 に 6 を加えてさっくりと混ぜ、容器に入れて冷蔵庫で 2 時間以上冷やしかためる。

しゃりしゃりしたソルベはなんて華やかな酸味！ フォークで崩すとザクザク、フードプロセッサーだとなめらかな質感になります。お好みで仕上げてみて。

材料（4個分）
グラニュー糖 ... 大さじ4
はちみつ ... 大さじ2
水 ... 150cc
レモン ... 2個

下準備
・レモンは縦半分に切り、中身をくりぬいて器を作る（a, b）。果肉は絞り、出た果汁は取っておく。

1. 鍋にグラニュー糖、はちみつ、分量の水を入れて弱火にかけてグラニュー糖を溶かす。
2. 火を止め、レモン果汁を加えて混ぜ、バットなどに流し入れてラップをかけ、冷凍庫に入れる。途中、数回フォークで崩すか、保存袋などに入れて凍らせてからフードプロセッサーで撹拌する。
3. レモンの皮に盛りつける。

Lemon Sherbet
レモンのソルベ

Lemon Ice Cream
Lemon Milk Ice Cream

レモンのアイスクリーム

レモンのアングレーズソースを作って冷やしかためるアイスクリーム。生クリームが入らないので低脂肪、なのにコクがあって満足度が高いのもうれしい！

材料（作りやすい量）
卵黄 ... 3個分
グラニュー糖 ... 50g
牛乳 ... 250cc
レモンの皮 ... 1個分
※黄色い部分だけをピーラーで薄くむく。

下準備
・小鍋に牛乳とレモンの皮を入れて弱火にかけ、沸騰したらすぐ火を止め、鍋に入れたまま置いて冷ます。

1 ボウルに卵黄とグラニュー糖を入れ、グラニュー糖が溶けるまで泡立て器で混ぜる。
2 レモンの皮を浸した牛乳を再度あたため、こして1に加えて混ぜ、鍋に戻す。
3 2を弱火にかけ、ゴムべらでたえず混ぜながらとろみがつくまで火を通す。ゴムべらで生地をすくって指で触ったとき、あとが残るくらい（a）になったら火からおろし、ざるでボウルにこし入れる。
4 バットなどに流し入れ、ときおりかき混ぜながら凍らせる。または、保存袋に入れて完全に凍らせ（b）、フードプロセッサーやミキサーにかけてもよい。

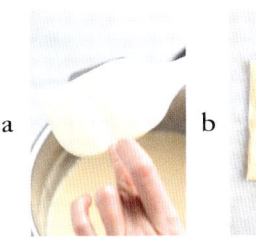

レモンミルクアイス

ミルキーだけどあと味はさっぱり。はちみつが入るとやわらかく凍るので、ふんわり仕上がります。口の中でそれぞれの優しい味が絡み合って広がります。

材料（作りやすい量）
生クリーム ... 100cc
グラニュー糖 ... 大さじ1
牛乳 ... 200cc
はちみつ ... 大さじ2
レモンの皮 ... 1個分
※黄色い部分だけをピーラーで薄くむく。

下準備
・「レモンのアイスクリーム」と同様（はちみつを加える）。

1 生クリームとグラニュー糖を加えてよく混ぜ、砂糖を溶かす。レモンの皮を浸した牛乳をこし入れて混ぜる。
2 バットなどに流し入れ、ときおりかき混ぜながら凍らせる。または、保存袋に入れて完全に凍らせ、フードプロセッサーやミキサーにかけてもよい。

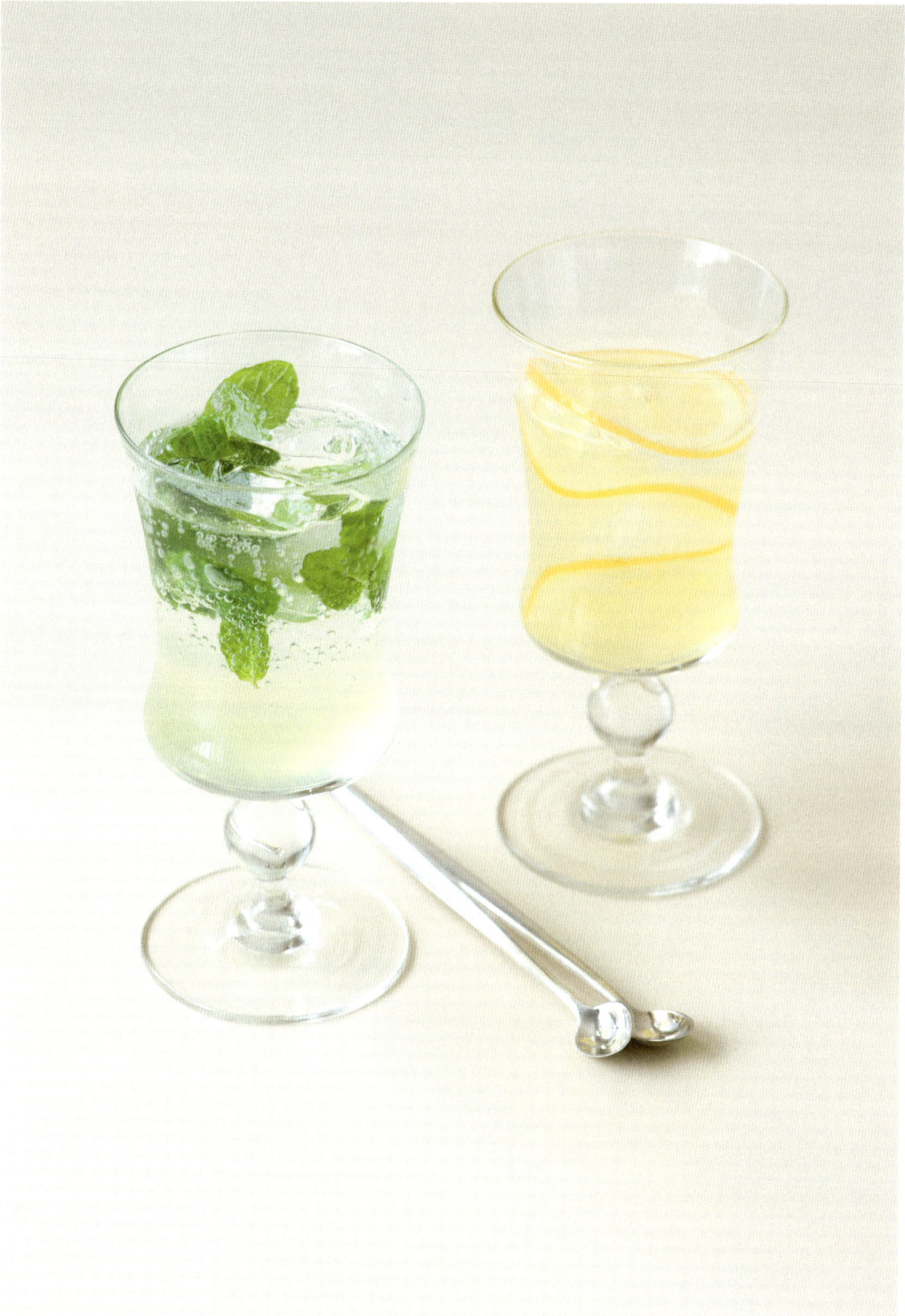

Lemonade, Lemon Soda
レモネード、レモンスカッシュ

シロップを作っておけば、いつでもレモン味の爽やかなドリンクを手軽に飲めます。寒い時期はお湯で割ってもいいし、お酒に加えてもいいかもしれません。レモンスカッシュはミント多めがおすすめ。

材料（作りやすい量）
◎レモンシロップ
レモン ... 1個
グラニュー糖 ... 100g
水 ... 100cc

◎レモンシロップ
1 レモンは両端を⅓くらいずつ切り、両端は果汁をしぼる。真ん中は薄くスライスする。
2 レモンシロップを作る。鍋に1と残りの材料を入れ、落としぶたをして中火にかけ、沸騰してきたら火を止めて冷ます。

［レモネード］
グラスにシロップを入れて好みの加減に水を注いで薄め、レモンのスライスを入れる。

［レモンスカッシュ］
グラスにシロップを入れて好みの加減に炭酸水で薄め、適量のミントの葉を入れる。

Lemon Fruits Soup
レモンとフルーツのデザートスープ

甘酸っぱくて冷たいデザートスープ。洋なしはりんごや桃でもおいしくいただけます。アイスクリームやカステラを添えても。冬はあたためると濃厚な味わいに。

材料（2人分）
◎洋なしのコンポート
洋なし…½個　水…100cc
グラニュー糖…70g　レモン…½個
◎スープ
グラニュー糖…30g
コーンスターチ…小さじ2
Ⓐ
　レモンの皮のすりおろし…小さじ½
　レモン果汁（1個分）＋水（適量）
　※レモン果汁と水を合わせて50ccにする
　卵黄…2個分

レモンのスライス、バナナ…各適宜

◎洋なしのコンポート
1　洋なしは皮をむき、4等分のくし形に切って芯を除く。
2　鍋に1、分量の水、グラニュー糖を入れ、レモンをしぼり、皮も鍋に入れる。
3　中火にかけて沸騰したら1〜2分煮て火を止め、そのまま冷ます。

◎スープ
4　別の鍋にグラニュー糖とコーンスターチを入れて混ぜる。Ⓐをすべて入れて弱火にかけ、泡立て器で混ぜながらとろみがつくまで火を通す。
5　4に3のコンポートの煮汁を全量加えてのばし、冷蔵庫で冷やす。
6　スープ皿に洋なしのコンポートを入れて5を注ぎ、レモンのスライスと輪切りにしたバナナを浮かべる。

Limoncello
リモンチェッロ

とても強いリキュールで、香りが最高！私はスイートレモンマーマレード（P.10）を同量混ぜたものをソーダや水で割って飲みます。お菓子作りのアクセントにも。

材料（作りやすい分量）
スピリタスなどのウォッカ...500cc
レモンの皮...6個分
※黄色い部分だけを薄くむく。
グラニュー糖...500g
水...500cc

1 密閉できる保存瓶にウォッカとレモンの皮を入れ（a）、室温で日のあたらない所に1週間以上置く。
2 シロップを作る。小鍋にグラニュー糖と水を入れて沸騰させ、火を止める。
3 1のレモンの皮の色が抜けてきたら、2を加えて軽く混ぜる。1週間以降が飲みごろ（糖分が入ると白濁する）。

a

Pick up!
● スピリタス

ウォッカの一種。アルコール度数が非常に高いお酒ですが、本場イタリアの家庭ではこれに漬けてリモンチェッロを作ります。

Wrapping paper

ふろく ラッピングペーパー

レモンのお菓子をプレゼントするときにぴったりな、かわいいラッピング用紙を2種類ご用意しました。お好みの大きさにコピーして使ってみて。

※ ラッピングペーパーを販売目的で使用することは禁止します。

Illustration_Isabelle Boinot

a … ふたを閉めた瓶の上にラッピングペーパーをかぶせ、まわりを麻ひもなどで巻く。
⇒ レモンカード P.08、レモンマーマレード P.10、リモンチェッロ P.77 など

b … お菓子を1個ずつクッキングシートで包む。ラッピングペーパーを1/3サイズ（お好みのサイズ）に切って、包んだお菓子のまわりに巻き、裏をテープでとめる。
⇒ レモンケーキ P.20 など

c, d, e … ラッピングペーパーを2枚分コピーし、まわりを糊かテープでとめて袋にする。（油がしみる場合は中にクッキングシートを敷く）
cは、口を対角線で合わせ三角にしたら、中にお菓子を入れ、ホチキスかテープで綴じる。
dとeは、菓子を入れ（大きさが合わないときは左右を折る）、口をとめてお好みでリボンなどを巻く。
⇒ マフィン P.16、スコーン P.18、レモンのポルボローネ P.28、レモンのマカロン P.50 など